Karl-Heinz Böse

Regenwasser
für Garten und Haus

Staufen bei Freiburg

Der Autor dankt allen Fachleuten, Institutionen und Firmen, die ihn bei der Bearbeitung des Manuskriptes mit Rat, Konstruktionsunterlagen und Bildern unterstützt haben.

Die Deutsche Bibliothek – CIP-Einheitsaufnahme

Böse, Karl-Heinz
Regenwasser in Garten und Haus / Karl-Heinz Böse . – 1. Aufl. – Staufen bei Freiburg : ökobuch, 1998

Frühere Ausg. u.d.T.: Böse, Karl-Heinz: Brunnen- und Regenwasser für Haus und Garten
ISBN 3-922964-67-2

ISBN 3-922964-67-2

1. Auflage 1998
4. Auflage 2004

Photos auf dem Titel:
Layout: usw., Uwe Stohrer, Freiburg   links: Paradigma
Druck: Druckhaus Beltz, Hemsbach   rechts: Klaus W. König

Inhaltsverzeichnis

Vorwort

Vor 10 Jahren wurden die Nutzer einer Regenwasseranlage noch als „Ökos" belächelt, heute wird der Einbau einer solchen Anlage von vielen Bauherren und Hausbesitzern zumindest in Erwägung gezogen. Nach Schätzungen werden jährlich etwa 50.000 Regenwasser-Sammelanlagen gebaut, ein Beweis dafür, dass die Technik etabliert ist.

Ursachen für diese Entwicklung sind zum einen das langsam, aber sicher steigende Bewusstsein für die knapper werdende Ressource Trinkwasser und zum anderen Förderprogramme der Länder und Gemeinden, die zusammen mit den eingesparten Wasser- und Abwassergebühren dem Hausbesitzer eine Kostenersparnis versprechen.

Die Anfrage nach einer Regenwasseranlage bei einem Installateur führte vor wenigen Jahren noch zu Ratlosigkeit oder zur direkten Ablehnung. Heute bieten viele Installateure den Einbau von Regenwasseranlagen von sich aus an. Darüber hinaus gehört das für eine Anlage erforderliche Zubehör zum Standardprogramm der Baumärkte, so dass jeder die Möglichkeit hat, sich für Selbstbau oder Einbau durch einen Fachbetrieb zu entscheiden.

Die steigende Nachfrage hat auch bei den Anbietern von Regenwasseranlagen und Bauteilen einiges bewirkt: Es gibt heute gut durchdachte Anlagenkonzepte und vormontierte Bausteine für Anlagen, die Zahl der Anbieter in Deutschland ist auf über 250 gestiegen. Gute Voraussetzungen also für jeden, der eine Regenwasseranlage nutzen möchte.

Das vorliegende Buch soll die große Vielfalt von möglichen Lösungen überschaubar und die Technik verständlich machen. Dadurch wird die Auswahl und der Einbau der richtigen Anlage erleichtert, so dass immer mehr Menschen einen Beitrag zum sparsameren Umgang mit Trinkwasser leisten können.

Ritterhude, im Juli 2003
K. – H. Böse

Sieben Gründe
für eine Regenwasseranlage

Auch wenn man sich innerlich längst für eine Regenwasseranlage entschieden hat, hilft es manchmal, objektive Gründe zu formulieren, um sich und andere zu überzeugen.

Unsere Wasservorräte sind begrenzt
Die Trinkwasseraufbereitung aus Grund-, Fluss- oder anderem Oberflächenwasser wird in Deutschland immer schwieriger. Besonders in landwirtschaftlich intensiv genutzten Gebieten nimmt die Belastung durch Nitrate und Pestizide bedrohliche Ausmaße an. In Ballungsgebieten sind es chlorierte Kohlenwasserstoffe, die Probleme bereiten. Gutes Trinkwasser wird dadurch immer knapper, es muss vielfach durch Fernleitungen aus bisher noch wenig belasteten Gebieten herangeführt

werden. Die Folgen sind hohe Kosten und Grundwasserabsenkungen in vielen Gewinnungsgebieten.

Regenwassernutzung spart Geld
Die Kosten für Gewinnung, Aufbereitung und Transport von Trinkwasser steigen mit zunehmender Belastung des Rohwassers. Der Verbraucher zahlt heute, abhängig vom Wohnort, je Kubikmeter Trinkwasser etwa ein bis drei Euro. Zusätzlich wird in den meisten Versorgungsgebieten auch die Abwassergebühr nach dem Trinkwasserverbrauch berechnet, so dass jeder Kubikmeter Wasser am Ende zwischen zwei und fünf Euro kostet.

Welche Kosten in einem Haushalt durch die Nutzung von Regenwasser durchschnittlich eingespart werden

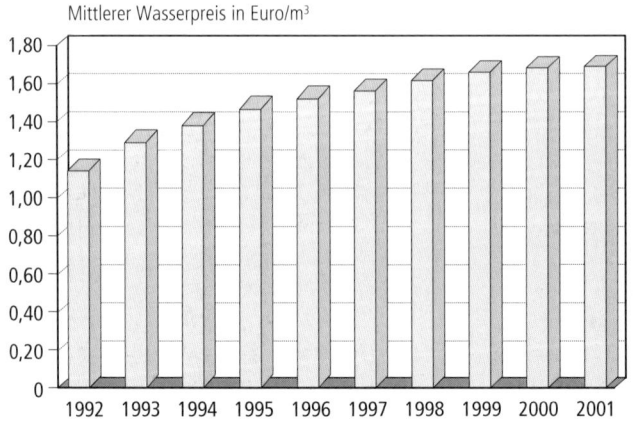

Mittlerer Wasserpreis in Euro/m³

1,80 — 1,60 — 1,40 — 1,20 — 1,00 — 0,80 — 0,60 — 0,40 — 0,20 — 0

1992 1993 1994 1995 1996 1997 1998 1999 2000 2001

1
Entwicklung
der Wasserpreise
(Durchschnittspreise)
in Deutschland
von 1985 bis 1997.

Tabelle 1:
Die durchschnittlichen Gebühren für Trink- und Abwasser (berechnet nach dem Trinkwasserbezug).

Durchschnittliche Gebühren für Trink- und Abwasser		
	mittlerer Wasserpreis €/m³	mittlere Abwassergebühr €/m³
Baden-Württemberg	1,75	3.39
Bayern	1,26	2,67
Berlin	1,83	4,45
Brandenburg	1,65	3,52
Bremen	1,82	2,58
Hamburg	1,56	2,51
Hessen	2,01	2,45
Mecklenburg-Vorpommern	1,66	3,05
Niedersachsen	1,22	2,23
Nordrhein-Westfalen	1,72	2,62
Rheinland-Pfalz	1,06	2,21
Saarland	1,72	2,95
Sachsen	2,17	2,42
Sachsen-Anhalt	1,90	3,71
Schleswig-Holstein	1,22	2,12
Thüringen	2,21	2,49
Deutschland	1,67	2,56

können, lässt sich bei einem Jahresverbrauch von 100 bis 500 Kubikmetern Wasser leicht überschlagen, wenn man unterstellt, dass z.B. 50% des Trinkwassers durch Regenwasser ersetzt werden können. Auf der anderen Seite müssen die Kosten für Bau und Betrieb einer Regenwasseranlage finanziert werden, was die Einsparungen verringert. Außerdem kann die Einleitung von genutztem Regenwasser in den Abwasserkanal gebührenpflichtig sein, was den Kostenvorteil weiter schmälert.

Weniger Energieverschwendung durch Regenwassernutzung

Pumpen fördern das Trinkwasser durch lange Rohrstrecken von der Gewinnungsstelle bis ins Haus, teilweise über Entfernungen von mehr als 100 Kilometern. Um die Rohrleitungswiderstände zu überwinden und den Wasserdruck auch an der entferntesten und höchsten Zapfstelle noch zu gewährleisten, wird elektrische Energie für die Pumpen verbraucht. Auch die Aufbereitung in den Wasserwerken kostet Energie. Bei der Nutzung von Regenwasser ist der Energieaufwand geringer, da das Wasser nur mit durchweg niedrigem Druck durch kurze Rohrleitungen gepumpt wird.

Weniger Waschmittel durch Regenwassernutzung

Je kalkhaltiger das Wasser ist, desto mehr Waschmittel wird zum Wäschewaschen benötigt. Die Dosierempfehlungen für Waschmittel geben für hartes Wasser einen doppelt so hohen Bedarf (und mehr !) wie für weiches Wasser an. Der im Wasser gelöste Kalk bindet nämlich Seife und waschaktive Substanzen. Waschmittel enthalten deshalb auch Wasserenthärter, die mit zunehmendem Kalkgehalt höher dosiert werden müssen. Die Folgen sind bekannt: Höhere Kosten für Waschmittel und Belastung der Flüsse mit Phosphaten, Tensiden und Bleichmitteln.

Regenwasser ist dagegen kalkfrei. Das ermöglicht die sparsame Verwendung von Waschmitteln und obendrein kann die Waschmaschine nicht verkalken.

Vermeidung von Rückhaltebecken und Hochwasserschutz

Bei starken Regenfällen kann das Wasser immer schlechter im Boden versickern, da große Flächen durch Straßen, Häuser und befestigte Plätze versiegelt sind. Das Regenwasser fließt schnell über die Kanalisation in die Flüsse. Um ein zu heftiges Anschwellen der Flüsse durch starken Regen zu verhindern, werden Rückhaltebecken angelegt, die das Regenwasser erst mit Verzögerung in die Flüsse abgeben. Solche Stauräume greifen erheblich in die Landschaft ein, sind zudem teuer und werden über die Abwassergebühren finanziert.

Regenwasseranlagen haben die gleiche Wirkung wie Rückhaltebecken. Sie sammeln das Wasser dort, wo es anfällt, es wird nicht sofort in die Kanalisation weitergeleitet. Zusätzlich kann überschüssiges Regenwasser auf dem Grundstück versickert werden, wodurch die Regenwasserkanalisation mit den beschriebenen nachteiligen Folgen überflüssig wird.

Die Pflanzen genießen Regenwasser

Das kalkfreie Regenwasser bekommt vielen Pflanzen gut und wirkt sich bei Topfpflanzen besonders angenehm aus: An den Tontöpfen bildet sich kein Kalkbelag, wie er bei Gebrauch von kalkhaltigem Wasser entsteht.

Auch die Leitungen, Geräte und Toiletten, die ausschließlich mit Regenwasser gespeist werden, verkalken nicht.

Regenwasser ist kein Abwasser

Wird ein Teil des Trinkwassers durch Regenwasser ersetzt, entsteht weniger Abwasser. Wenn viele Menschen Regenwasser nutzen, können Abwasserleitungen und Kläranlagen kleiner ausgelegt werden. Dadurch erübrigt sich der Bau neuer oder größerer Klärwerke, was geringere Gebühren zu Folge hat. Einige Kommunen haben das bereits erkannt, sie empfehlen oder fördern den Bau von Regenwasseranlagen.

und:

Es ist ein gutes Gefühl, etwas für die Umwelt zu tun.

Jeder kann Regenwasser nutzen

Das Prinzip

So funktioniert eine Regenwasseranlage

Eine Anlage zur Nutzung von Regenwasser besteht aus drei Baugruppen:

- Regenwasserzulauf
- Regenwasserspeicher
- Pumpe, Nachspeiseeinrichtung für Trinkwasser und Hausinstallation

Für alle Bauteile gibt es zahlreiche technische Ausführungen, vom Selbstbau bis zur betriebsfertigen Komplettlösung. Funktion, Techniken und Bau von Regenwasser-Sammelanlagen werden im Folgenden ausführlich beschrieben.

Regenwasserzulauf

Das Wasser wird von den Dachflächen des Hauses gesammelt und, um störende Verunreinigungen zu entfernen, gefiltert. Vom Fallrohr wird es dann in einen Speicher geleitet, dessen Überlauf in den bestehenden Regenwasserkanal mündet.

Regenwasserspeicher

Um Regenwasser für die tägliche Nutzung zu bevorraten, ist ein Speichertank notwendig, dessen Größe sich nach Dachfläche und Verbrauch richtet. Für einen Haushalt oder ein Einfamilienhaus benötigt man etwa einen bis drei Kubikmeter Speichervolumen. Es kommen heute sowohl außenliegende Erdspeicher als auch Innenspeicher - vorzugsweise im Keller - zum Einsatz. Das Wasser soll auf jeden Fall möglichst kühl und lichtgeschützt lagern, um Algenbildung und Verkeimung zu

2
Kellerspeicher aus Kunststoff mit Pumpe und Druckschalter zur vollständigen Anlage montiert.   Quelle: Grundfos

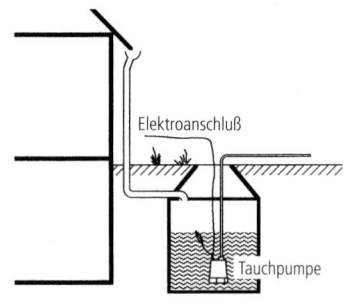

3
Die einfachste Lösung ist die Gartenbewässerung mit der Tauchpumpe direkt
aus dem Speicher.

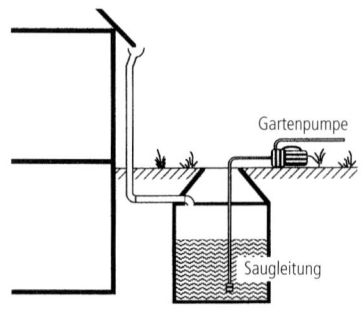

4
Genausogut kann das Wasser mit der
Gartenpumpe gefördert werden.

5
Eine stationäre Pumpe mit Druckautomat
versorgt Waschmaschine und WC mit
Regenwasser.   Quelle: Paradigma

verhindern. Wenn möglich, wird ein
Erdspeicher verwendet, bei bestehenden
Gebäuden kommt häufig ein Kellerspei-
cher zum Einsatz.

**Pumpe, Nachspeiseeinrichtung für
Trinkwasser und Hausinstallation**
Eine Pumpe befördert das Wasser aus
dem Speicher durch Rohrleitungen zu
den Regenwasserverbrauchern: Toilette, Waschmaschine und Garten. Es stehen verschieden Bauarten zur Auswahl.
Üblich sind selbstansaugende Saugpumpen, die im Keller oder in einem Pumpenschacht außerhalb des Hauses aufgestellt werden, außerdem Tauchpumpen (Unterwasserpumpen), die im Regenwasserspeicher eingebaut werden.
Zur Pumpe gehört eine Schalteinrichtung, die je nach Wasserbedarf ein- und
ausschaltet und einen gleichbleibenden
Druck in der Leitung erzeugt. Eine
Nachspeiseeinrichtung für Trinkwasser
sorgt bei Regenwassermangel dafür,
dass die Verbrauchsstellen weiter mit
Wasser versorgt werden.

Im Keller oder
in der Erde speichern?

Neben anderen Kriterien entscheiden
häufig Platzbedarf und Preisunterschie-
de darüber, ob das gesammelte Regenwasser im Haus oder in der Erde gespeichert werden soll. Die Vor- und
Nachteile der beiden Speicherarten sind
in Tabelle 2 übersichtlich zusammen-
gefasst.
    Mit dem Einbau eines Erdspeichers
vermeidet man die Gefahr einer Überschwemmung im Haus und verschwen-
det keinen Lagerraum. Ein Erdspeicher

Tabelle 2:
Vor- und Nachteile
verschiedener
Speicherformen.

Vor- und Nachteile verschiedener Speicherformen		
	Erdspeicher	Innenspeicher
Material	• Beton • Polyethylen, rippenverstärkt • glasfaserverst. Kunststoff (GFK)	• Polyethylen (PE)
Baukosten	höher als bei Innenspeichern	preisgünstig
Platzbedarf	nur im Erdreich	Kellerraum erforderlich
Größe	nahezu unbegrenztes Volumen	durch Kellerraum begrenzt
Überschwem-mungsgefahr	gering	möglich bei Installations-fehlern oder Verstopfung
Selbstbau	schwierig bzw. kaum möglich	gut möglich

empfiehlt sich besonders bei Neubauten, wenn das Loch dafür kostengünstig mit der Baugrube ausgeschachtet werden kann. Er kann unter einer Einfahrt oder einem Weg überfahrbar eingebaut werden, so dass nur die Abdeckung sichtbar bleibt. Trotz hoher Kosten für den Erdspeicher und trotz der aufwendigen Erdarbeiten, sollte man, wenn möglich, diese Speicherform aus einem weiteren Grund bevorzugen: Das Wasser lagert in der Erde gleichbleibend kühl und dunkel, die Verkeimungsgefahr ist deshalb gering.

Innenspeicher dagegen sind leicht, preisgünstig und ermöglichen den schnellen Aufbau einer Regenwasseranlage ohne aufwendige Erdarbeiten. Für den nachträglichen Einbau eignen sie sich ebenso wie für Neubauten, wenn im Gebäude genügend Raum vorhanden ist. Das gesamte Speichervolumen kann auf mehrere Kunststoffbehälter aufgeteilt sein, die miteinander verbunden sind. Dadurch kann ein Speicher zum Beispiel auf zwei Räume verteilt

oder trotz enger Zugänge zum Keller aufgestellt werden. Der Kellerraum für den Speicher sollte nicht wärmer als 18°C sein, um die Verkeimungsgefahr gering zu halten. Die Bevorratung von Regenwasser im Haus erleichtert zwar alle erforderlichen Rohr- und Elektroanschlüsse, birgt jedoch die Gefahr einer Überschwemmung, falls Störungen an Zu- oder Ablauf auftreten oder der Tank beschädigt wird.

Kunststoffspeicher

Kunststoffspeicher werden von verschiedenen Herstellern angeboten, mit einem Volumen von 600 bis 9000 Litern. Reicht ein einzelner Behälter als Speicher nicht aus, können mehrere Tanks miteinander verbunden werden.

Kunststoffspeicher werden häufig aus Polyethylen (PE) hergestellt. Leichte Tanks für die Aufstellung in Innenräumen können mit Eisenbandagen gegen Verformung geschützt sein, wenn sie frei im Haus aufgestellt werden. Zu-

11

fahrenen Wegen zu empfehlen. Bei kleinem Speichervolumen ist der Betonspeicher in der Regel teurer als ein Kunststofftank, bei großem Volumen eher billiger.

Der Einbau muss wegen des hohen Gewichts der Betonteile genau geplant sein, damit der Speicher sicher angeliefert und eingesetzt werden kann. Zum Einsetzen ist ein Autokran nötig, wenn das Lieferfahrzeug nicht nah genug an die Baugrube heran fahren kann, um den Tank mit dem Ladekran gleich in die richtige Position zu heben.

Auf die Qualität des gelagerten Regenwassers hat der Werkstoff des Speichers keine wesentlichen Auswirkungen.

6
GFK-Kugeltank mit aufgesetztem Dom und Regenwasserzulauf.   Quelle: Chemo

Wieviel Regenwasser steht zur Verfügung?

dem sind sie in der Regel dunkel gefärbt, damit das Regenwasser darin nicht mit Licht in Berührung kommt. Dauernde Lichteinwirkung begünstigt nämlich Algenwachstum und Keimbildung.

Kunststoffspeicher für den Einbau in die Erde werden ebenfalls aus Polyethylen hergestellt oder aus glasfaserverstärktem Kunststoff (GFK-Tanks).

Betonspeicher
Betonspeicher können aus Ringen zusammengesetzt oder als Fertigspeicher aus einem Guss hergestellt sein. Im Gegensatz zu Kunststoffspeichern halten sie großem Druck von oben stand und sind deswegen für den Einbau unter be-

Wir empfinden es als unangenehm, wenn es zuviel regnet. Wir wissen aber auch, dass lange Trockenperioden den Garten verdorren lassen. Deshalb ist die Frage von Bedeutung: Reicht das Regenwasser aus, um Toilette und Waschmaschine mit Wasser zu versorgen oder sogar den Rasen damit zu sprengen?

Die Regenstatistik zeigt, dass trockene Perioden sich in Deutschland immer wieder mit längeren niederschlagsreichen Zeiten abwechseln. Besonders im Juli und August fällt an einzelnen Tagen viel Regen.

Die durchschnittliche Jahresmenge des Niederschlags ist abhängig vom Ort. Sie wächst mit zunehmender Höhe

7
Mittlere monatliche Niederschläge in Deutschland. Angaben in Liter pro Quadratmeter.
(1 l/m² entspricht 1 mm Niederschlag)

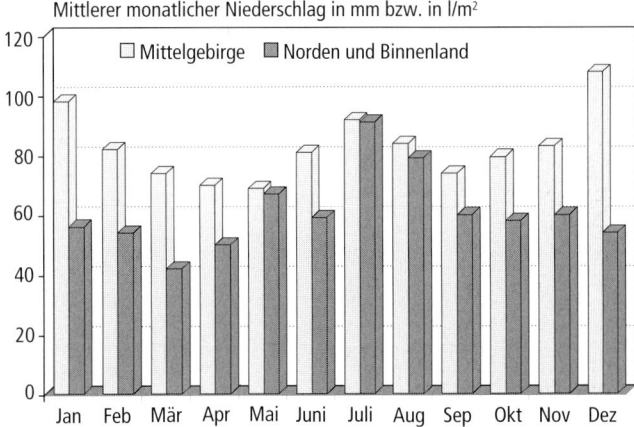

Mittlerer monatlicher Niederschlag in mm bzw. in l/m²

über dem Meeresspiegel und nimmt in Deutschland von Westen nach Osten ab, von 700 bis 800 mm auf 500 bis 600 mm. Der geringste Niederschlag, nämlich weniger als 500 mm fällt in Halle an der Saale, in Alpenorten werden dagegen Niederschläge bis 2400 mm gemessen.

Wieviel Regen jährlich in einem Gebiet fällt, zeigt die Niederschlagskarte in Abbildung 11. Genauere Informationen gibt der Deutsche Wetterdienst in Offenbach, der ein dichtes Netz von Messstellen in ganz Deutschland unterhält. In vielen Tageszeitungen wird regelmäßig die Niederschlagshöhe am Ort ausgewertet, woraus sich das Regenwasserangebot ermitteln läßt.

Die vom Dach abfließende tatsächlich nutzbare Regenmenge ist jedoch kleiner als der gemessene Niederschlag, da ein beträchtlicher Teil (etwa ein Drittel) des auf dem Dach auftreffenden Regens die Zisterne nicht erreicht. Die gewonnene Wassermenge schwankt je nach Dachmaterial, Dachrichtung und -neigung sowie nach Nieder-

schlagsmenge, Wind, Temperatur und Jahreszeit. Außerdem ist von Bedeutung, ob es am Vortag schon geregnet hat. Wie groß der Unterschied zwischen dem auf die Dachfläche fallenden Niederschlag und dem Ertrag an Regenwasser ist, wird durch den sogenannten Abflussbeiwert in der Berechnungsformel weiter unten berücksichtigt.

Messung der Regenwassermenge in Millimetern

Die Niederschlagsmenge wird in Millimetern angegeben. Ein Jahresniederschlag von 600 mm heißt z.B.: Der Regen, der im Jahr auf 1 m² Boden fällt, würde eine Höhe von 600 mm = 0,6 m erreichen, wenn das Wasser nicht abfließen oder verdunsten würde. 600 mm Niederschlag entspricht damit einem Wasservolumen von 0,6 m x 1 m² = 0,6 m³ = 600 l. Anders ausgedrückt: 1 mm Regen entspricht einer Wassermenge von 1 l/m².

13

Wie schnell wird der Speicher voll?

Es muss nicht jeden Tag viel regnen, um eine Regenwasseranlage zu füllen. Im Sommer sind Gewitterregen, die in kurzer Zeit 10 bis 50 mm Niederschlag bringen, keine Seltenheit. Aber auch gelegentliche kleine Regenfälle erhöhen den Wasserstand im Speicher. So fällt bei Nieselwetter immerhin 1 bis 2 mm Niederschlag am Tag und ein Landregen füllt den Messbehälter um 10 bis 20 mm auf. Da 1 mm Niederschlag einer Wassermenge von 1 l/m^2 entspricht, kann der Nieselregen unter Umständen bereits einen Tagesbedarf decken, wenn z.B. von einem Dach mit 100 m^2 Grundfläche gesammelt wird:

Regenwasserertrag
= Niederschlag · Dachfläche · Abflussbeiwert
= 1 mm · 100 m^2 · 0,8
= 80 l Regenwasser

Ein durchschnittlicher Regentag mit 10 mm Niederschlag ergibt demnach bereits 800 l Ertrag und damit einen Vorrat für mehrere Tage.

Die tägliche Niederschlagsmenge läßt sich leicht messen, indem man ein Marmeladenglas ins Freie stellt. Die Wasserstandshöhe im Glas entspricht etwa der Niederschlagshöhe. Der Niederschlag wird relativ genau ermittelt, wenn das Glas täglich entleert wird.

Wieviel Wasser brauchen wir?

Für den durchschnittlichen Wasserverbrauch in einem Haushalt nennen die Statistiken verschiedene, zum Teil voneinander abweichende Werte, wobei 130 l pro Jahr und Person heute als Richtwert gelten kann. Wieviel Wasser jeder tatsächlich in seinem Haushalt verbraucht, hängt natürlich von den individuellen Gewohnheiten ab, die Verbrauchsangaben in den Statistiken geben da nur eine Orientierung. Es kann aber nützlich sein, den eigenen Wasserbedarf zu ermitteln und ihn mit den Durchschnittswerten zu vergleichen, um die eigenen Verbrauchsgewohnheiten einschätzen zu können (vgl. Kasten 2).

Der Verbrauch von einzelnen Geräten und Einrichtungen im Haushalt ist relativ genau bekannt. Ist auch die

Wasserverbrauch in Litern pro Tag

8
Verwendung von Trinkwasser. Das meiste Trinkwasser benutzen wir bei der Körperpflege und für die Toilettenspülung.

14

Ermittlung des persönlichen Wasserverbrauchs

So wird der persönliche Durch-
schnittsverbrauch ermittelt:

1. Den Jahresverbrauch aus der
   Wasserrechnung ablesen.
2. Der Jahresverbrauch wird durch
   365 (Zahl der Tage) und durch die
   Zahl der im Haus wohnenden Personen geteilt.

Beispiel:
Jahresverbrauch: 190 m³
4 Personen im Haushalt

Persönlicher Verbrauch =
190 m³ : (365 d · 4) = 0,130 m³/d
Das sind 130 Liter je Person und Tag.

Täglicher Trinkwasserbedarf je Einwohner: ca. 130 l

Toilettenspülung 34%   Baden, Duschen 31%

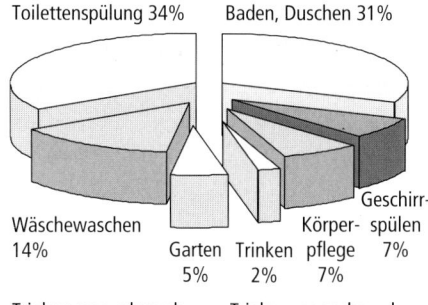

Wäschewaschen 14%   Garten 5%   Trinken 2%   Körperpflege 7%   Geschirrspülen 7%

Trinkwasserverbrauch, der durch Regenwasser ersetzbar ist

Trinkwasserverbrauch, der durch Regenwasser *nicht* ersetzbar ist

9
Etwa die Hälfte unseres täglichen Wasser-
verbrauchs kann durch Regenwasser
gedeckt werden.

Häufigkeit der Benutzung bekannt,
lässt sich der individuelle Verbrauch
durch eine Einrichtung leicht abschät-
zen. In Tabelle 3 sind Werte für solche
Verbraucher angegeben, die an eine Regenwasserleitung angeschlossen werden
können. Für die Gartenbewässerung
werden keine Angaben über den typi-
schen Verbrauch gemacht, da er je nach
persönlicher Einstellung von null bis
„unendlich" geht.

Wer Überlegungen zum Einbau einer
Regenwasseranlage anstellt, sollte auch
einen weiteren Gedanken in Betracht
ziehen: Warum ist unser Wasserverbrauch so hoch? Der durchschnittliche
Verbrauch von 140 Litern je Person
und Tag ist schließlich kein fester Wert,
der nicht unterschritten werden kann.
Durch eine Reihe von Sparmaßnahmen
läßt sich z.b. ohne weiteres ein Wert
von 100 Litern je Person und Tag erreichen. Wassersparmaßnahmen haben

Tabelle 3:
Wasserverbrauch potentieller Regenwasser-
nutzer im Haus.

Wasserverbrauch potentieller Regenwasser-Nutzer	
Verbraucher im Haushalt	Verbrauch pro Benutzung
Toilette - mit Spülkasten - bei Benutzung der Spartaste - mit Druckspüler	 6 - 9 l mindesten 3 l 6 l
Waschmaschine *	40 – 80 l
* abhängig von Gerät und Waschprogramm	

15

Einflüsse auf die Qualität des Regenwassers

Da die Regenwolken durch Verdunstung entstehen, ist Regenwasser eigentlich „destilliertes" Wasser, also sauber und frei von gelösten Stoffen. Sauberes Regenwasser hat einen pH-Wert von etwa 5,6, da es sich mit dem in der Luft enthaltenen CO_2 verbindet. Durch die Luftverschmutzung wird die Qualität des Regenwassers merklich beeinträchtigt. Schwefel- und Stickstoffverbindungen, die bei der Verbrennung von Öl, Gas und Kohle in die Luft abgegeben werden, werden von Wasserdampf und -tröpfchen aufgenommen, wobei der pH-Wert bis unter 4,0 sinken kann (saurer Regen). Beim Sammeln des Regenwassers am Haus sind weitere Veränderungen der Wasserqualität möglich. Zum einen werden Ablagerungen (Staub etc.) auf dem Dach abgespült, die sich auf dem Boden des Speichers absetzen. Außerdem verändert der Kontakt des Regenwassers mit Beton den pH-Wert des Wassers noch einmal: Bei Betondachsteinen und Betonzisternen wird beobachtet, dass der pH-Wert des Regenwassers bis auf einen pH von 7 (neutral) oder leicht darüber (alkalisch) ansteigt.

Der pH-Wert
ist das Maß für den Säuregehalt des Wassers.

pH = 7	Das Wasser ist neutral
pH < 7	Das Wasser ist sauer
pH > 7	Das Wasser ist alkalisch

auch Einfluss auf die Planung einer Regenwasseranlage: Wenn weniger Wasser benötigt wird, kann unter Umständen ein kleinerer Behälter gewählt werden.

Wie gut ist Regenwasser?

Wenn Presse und Fernsehen über den Zustand unseres Regenwassers berichten, fällt oft das Stichwort „saurer Regen". Dieser Sammelbegriff beschreibt die Verschmutzung der Luft mit Schwefel- und Stickstoffverbindungen, die vor allem bei der Verbrennung von Öl und Kohle entstehen. Der Regen nimmt solche Luftverschmutzungen auf, ebenso die Kohlenwasserstoffe aus Auto- und Industrieabgasen. Deshalb ist Regenwasser so wie es vom Dach abfließt für den menschlichen Genuss nicht mehr geeignet. Die Wasserqualität ist jedoch ausreichend, um es zur Bewässerung des Gartens sowie als Nutzwasser für die Toilettenspülung, die Waschmaschine, zum Putzen und Reinigen und für viele andere Zwecke einzusetzen. Beim Versickern und Durchfließen von Erdschichten wird ein Teil der Schadstoffe zurückgehalten, so dass es danach als Brunnenwasser in verbesserter Qualität genutzt werden kann.

Das von Dachflächen ablaufende Regenwasser wird auch Dachablaufwasser genannt. Um möglichst viel Wasser zu „ernten", sollten alle Fallrohre eines Daches einen Ablauf in den Regenwasserspeicher haben. Grundsätzlich eignen sich alle üblichen Dachmaterialien für das Sammeln des Wassers. Glatte Materialien wie Tonziegel oder Betondachsteine sind besonders günstig, weil auf ihnen wenig Schmutz liegen bleibt und das Wasser schnell abfließen kann. Sie liefern eine gute Wasserqualität. Auf der rauheren Oberfläche von Betondachsteinen lagert sich im Laufe der Zeit mehr Staub ab als auf Tonziegeln. Moose können ebenfalls leichter siedeln. Bei Regen werden dadurch vermehrt organische Stoffe in den Speicher gespült.

Einige Dachflächen sind zum Sammeln weniger geeignet:

• Asbestzementdächer: bei der Verwitterung des Materials werden - in der Atemluft krebserregende - Asbestfasern freigesetzt, die mit dem Regenwasser abgespült werden. Durch eine Versiegelung der Oberfläche kann das Wasser von solchen Dächern unter Umständen dennoch genutzt werden.
• Grasdächer: sie haben einen geringen Wasserertrag, da der Regen in der Erdschicht auf dem Dach gespeichert und von den Pflanzen aufgenommen wird oder langsam verdunstet. Das abfließende Wasser ist unter Umständen organisch belastet

und verfärbt. Zur Gartenbewässerung kann es benutzt werden.
• Bitumendächer (Teerpappe u.a.): Bestandteile des Bitumens lösen sich im Wasser und färben es gelb - besonders wenn der Dachbelag neu ist. Das stört bei der Nutzung für die Toilettenspülung weniger, für die Waschmaschine ist das Wasser nicht brauchbar.
• Metalldächer aus Zinkblech oder Kupfer; sie sind eingeschränkt nutzbar, wenn bei der beabsichtigten Nutzung ein kleiner Anteil an Metallionen im Wasser nicht stört.

Regenwasser ist weiches Wasser

Kalzium- und Magnesiumverbindungen sind für den Härtegrad des Wassers verantwortlich. Während sie im Grundwasser je nach dessen Herkunft in z.T. beachtlichen Konzentrationen vorkommen, enthält Regenwasser nur sehr geringe Mengen dieser Stoffe. Deshalb können bei der Verwendung von Regenwasser keine Kalkablagerungen entstehen: Geräte verkalken nicht und im WC bildet sich kein Urinstein. Für den Waschmitteleinsatz gilt der Härtebereich 1 (weich), die Verwendung von Wasserenthärtern ist deshalb überflüssig.

Tabelle 4:
Die Wasserhärte wird durch die im Wasser gelösten Kalzium- oder Magnesiumsalze verursacht, die es im Boden aufgenommen hat. Früher wurde die Wasserhärte in °d (Grad deutscher Härte) gemessen, heute wird sie als Salz-Konzentration in mmol/l (Millimol pro Liter) angegeben. Im Waschmittelgesetz werden 4 Härtebereiche unterschieden.

Wasserhärte		
Härtebereich	gilt als	Salzgehalt in mmol/l
1	weich	0 ... 1,3
2	mittelhart	1,3 ... 2,5
3	hart	2,5 ... 3,8
4	sehr hart	> 3,8

Darüber hinaus nimmt das Wasser Ablagerungen vom Dach auf: Laubreste, Absonderungen von Moosen, Staub und Vogelkot. Wasseruntersuchungen an Regenwasseranlagen haben ergeben, dass diese Verschmutzungen die Wasserqualität jedoch nur in geringem Umfang beeinträchtigten. Das Wasser hält durchweg sogar die Grenzwerte der Trinkwasserverordnung ein; der Grenzwert für Nitrat wurde allerdings häufig überschritten. Da das Wasser aber nicht getrunken, sondern für WC und Waschmaschine genutzt werden soll, steht dieser Verwendung von Regenwasser nichts im Wege.

Nicht geeignet als Auffangflächen sind:

- stark verschmutzte Dachflächen (beispielsweise durch einen Taubenschlag)
- besonders staubbelastete Flächen (beispielsweise an Hauptverkehrsstraßen)
- Verkehrsflächen, befahrene Hofflächen.

Gesundheitsgefährdung durch Regenwasser?

Der Begriff „Spatzenschißwasser" macht deutlich, dass Regenwasser nicht immer hygienisch einwandfrei ist. Er stammt aus früheren Zeiten, in denen Regenwasser noch vielerorts als Trinkwasser genutzt wurde. In der ersten Hälfte dieses Jahrhunderts dienten nämlich Zisternen an den Häusern zur Wasserversorgung ganzer Siedlungen. Vor wenigen Jahren gab es eine breite

öffentliche Diskussion über die Gesundheitsgefährdung durch Regenwasser - vor allem wegen der im Wasser enthaltenen Keime. Mittlerweile hat sich durch die einwandfreie Regenwassernutzung in vielen Anlagen gezeigt, dass die Gefahren für das Trinkwasser durch diese Verwendung von Regenwasser in der Praxis nicht so groß sind, wie die Kritiker der Regenwassernutzung befürchteten.

Vor allem das ehemalige Bundesgesundheitsamt hatte die Nutzung von Dachablaufwasser mit folgenden Argumenten abgelehnt:

- Das Dachablaufwasser ist mikrobiologisch und chemisch verunreinigt, z.B. durch Vogelkot und Schadstoffe. Seine Verwendung stellt ein Gesundheitsrisiko dar.
- Es besteht die Gefahr einer Verbindung des Trinkwassernetzes mit einer Regenwasserleitung. Dadurch entstehen Gefahren für die Bevölkerung ganzer Wohngebiete.
- Im Haushalt besteht insbesondere für Kinder eine Verwechselungsgefahr bei Wasser unterschiedlicher Qualität, auch wenn die Entnahmearmatur gekennzeichnet ist.
- Eine hygienische und technische Kontrolle der Wasserinstallation im Haus ist nicht gesichert. Dadurch können unakzeptable und unhygienische Zustände nicht rechtzeitig erkannt und beseitigt werden.
- Die Nutzung von Dachablaufwasser führt nur in niederschlagsreichen Zeiten zur Verringerung des Trinkwasserverbrauchs, wenn der Bedarf ohnehin geringer ist. In niederschlagsarmen Zeiten muss Trinkwas-

ser nachgespeist werden, so dass die Verbrauchsspitzen nicht geringer werden. Eine Verringerung des Verbrauchs hat zudem längere Verweilzeiten des Trinkwassers im öffentlichen Netz und in den Hausinstallationen zur Folge. Daraus ergibt sich die Gefahr einer höheren Verkeimung und der geschmacklichen Veränderung des Trinkwassers.

Tatsächlich hat es vereinzelt Verunreinigungen von Trinkwasserleitungen durch zurückgeflossenes Regenwasser gegeben. Die Folgen sind beträchtlich: Sofern in Teilen des öffentlichen Wassernetzes koliforme Keime nachgewiesen werden, müssen die Leitungen mit gechlortem Wasser gespült werden. Dadurch entstehen hohe Kosten und ein großer Bedarf an Spülwasser, der die Wassereinsparungen aus der Regenwassernutzung wieder zunichte macht.

Eine Reihe sichernder Maßnahmen ist deshalb nötig und üblich, damit solche Verunreinigungen auf jeden Fall verhindert werden. Im Kapitel „Anlagentechnik" ist genauer beschrieben, auf was bei einer Regenwasseranlage zu achten und wie bei Planung und Bau der Anlage vorzugehen ist.

Es hat etliche Untersuchungen zur chemischen und mikrobiologischen Qualität von Wasser aus Regenwasseranlagen gegeben, sowohl von Hygiene-Instituten an Universitäten als auch von Umweltbehörden der Länder und Städ-

te. Die recht unterschiedlichen Ergebnisse erlauben mit Vorsicht zwei wichtige zusammenfassende Aussagen:

- Die chemischen Untersuchungen ergaben durchweg Werte, die innerhalb der Grenzen der Trinkwasserverordnung liegen.
- Die mikrobiologischen Untersuchungen zeigten teilweise Verunreinigungen mit Fäkalstreptokokken und koliformen Keimen. Diese Keime vermehren sich besonders in den Leitungen, wenn das Wasser längere Zeit still steht. In diesem Fall kann es zu Gesundheitsstörungen kommen, falls das Wasser aus Versehen getrunken wird.

Bei der Bewertung dieser Aussagen ist zu berücksichtigen, wie Regenwasser verwendet werden soll:

- Beim Einsatz für die WC-Spülung wird das Wasser üblicherweise nicht berührt, geschweige denn getrunken.

Eigenschaften und Inhaltsstoffe von Trinkwasser (Höchstwerte laut Trinkwasserverordnung)	
pH-Wert	6,5 - 9,5
Leitfähigkeit	2000 µS/cm
Oxidierbarkeit (KMnO$_4$ Verbrauch)	20 mg/l
Nitrat	50 mg/l
Nitrit	0,1 mg/l
Ammonium	0,5 mg/l
Sulfat	240 mg/l
Calcium	400 mg/l
Magnesium	50 mg/l
Blei	40 µg/l
Zink	5000 µg/l
Koloniezahl (Keime) bei 22°C	100 KBE/ml

Tabelle 5:
Höchstwerte der laut Trinkwasserverordnung zulässigen Eigenschaften und Inhaltsstoffe von Trinkwasser.

19

Mikrobiologische Untersuchungen

Folgende Begriffe sind bei mikrobiologischen Untersuchungen von Bedeutung:

- *Eschericia coli* – ein Bakterium aus dem Verdauungstrakt des Menschen. Die Anzahl der Keime gilt als Gradmesser für fäkale Verunreinigungen.
- *Koliforme Keime* – Eschericia coli ähnliche Keime. Sie werden bei Messungen mit erfasst, um Verwechslungen auszuschließen.
- *Koloniezahl* – ein Maßstab für die Keimbelastung des Wassers. Alle wichtigen Bakterien werden als koloniebildende Einheiten (KBE) erfasst.

- Verwendung in der Waschmaschine: Untersuchungen haben gezeigt, dass die Zahl der Keime in der Wäsche, die mit Regenwasser gewaschen wird, ebenso verringert ist, wie beim Waschen mit Trinkwasser. Je nach Waschtemperatur werden die Keime teilweise bis vollständig abgetötet. Das Staatliche Hygiene Institut in Bremen fand keine Unterschiede zwischen mit Regen- und mit Trinkwasser gewaschener Wäsche und zwar sowohl hinsichtlich der Art als auch der Zahl der Bakterien. Das Waschen mit Regenwasser birgt demnach kein größeres gesundheitliches Risiko als das Waschen mit Trinkwasser. Allerdings ist eine regelmäßige Wartung der Regenwasseranlage notwendig, wegen der möglichen hohen Verkeimung des Speichers und der Leitungen.
- für die Gartenbewässerung. Hier erscheint die Gefahr am größten, dass Regenwasser aus dem Hahn oder Schlauch getrunken wird (z.B. durch spielende Kinder). Gemüse und Obst, das mit Regenwasser gegossen und roh gegessen wird, sollte abgespült werden, da es im Garten ohnehin viele Ursachen für eine Belastung mit Bakterien und Keimen gibt.

An Badegewässer werden niedrigere Anforderungen gestellt als an Trinkwasser. Der Vergleich zwischen Regenwasser und Badegewässern ist treffender als zwischen Regen- und Trinkwasser, weil der Badende mit diesem Wasser innigen Kontakt hat, teilweise kleine Mengen davon verschluckt und dennoch das Badevergnügen nicht zu gesundheitlichen Schädigungen führen darf. Nun haben vielerlei Untersuchungen bewiesen, dass das Wasser aus einer richtig gebauten und gewarteten Regenwasseranlage eine deutlich höhere Qualität aufweist als es für Badegewässer gefordert wird.

Zum Schluß noch ein Zitat aus einer Hamburger Untersuchung: „Die bakteriologischen Untersuchungen ergaben, dass - abgesehen von im ersten Halbjahr nach Inbetriebnahme festgestellten erhöhten Keimzahlen - die Grenzwerte der EG-Richtlinie für Badegewässer nicht überschritten und z.T. sogar die Grenzwerte der Trinkwasserverordnung eingehalten wurden." Neuere Untersuchungen in den Folgejahren haben dieses Ergebnis immer wieder bestätigt.

Was ist erlaubt und was verboten?

Bei der Installation einer Regenwasseranlage müssen eine Reihe von Normen, Regeln und Vorschriften beachtet und gegebenenfalls Genehmigungen eingeholt werden. Die rechtlichen Vorschriften sind von Bundesland zu Bundesland unterschiedlich. Außerdem gelten in jeder Gemeinde und bei jedem Wasserversorgungsunternehmen unterschiedliche Regelungen. Deshalb müssen diese Bestimmungen jeweils vor Ort erfragt werden.

Nach den „Allgemeinen Bedingungen für die Versorgung mit Wasser" muss jedes Wasserversorgungsunternehmen den Bau und Betrieb von Eigengewinnungsanlagen zulassen. Ein genereller Abnahmezwang für Wasser besteht nicht, so dass im Grunde jeder eine Regenwasseranlage betreiben darf.

Beim Neubau muss eine Anlage zur Regenwassernutzung im Rahmen des Bauantrags zwar genehmigt werden, zusammen mit der Entwässerung; diese Genehmigung muss aber erteilt werden, sofern die Anlage den geltenden Regeln entspricht. Der nachträgliche Einbau einer Regenwasseranlage ist hingegen nicht genehmigungs- sondern nur anzeigepflichtig. Das Wasserversorgungsunternehmen sollte über die künftige Regenwassernutzung informiert werden. Das erspart auch die mögliche Nachfrage, wieso der Wasserverbrauch plötzlich gesunken ist.

In den Wasserversorgungsunternehmen, das sind Stadt- oder Gemeindewerke, beobachtet man den Einbau von

---

Regenwasser für die Waschmaschine

Wer zweifelt, ob Regenwasser von seinem Hausdach für die Waschmaschine geeignet ist, mag sich vielleicht durch das Angebot eines bekannten Waschmaschinenherstellers überzeugen lassen: Seit einiger Zeit ist eine Waschmaschine mit dem Namen „Allwater" auf dem Markt, die für die Verwendung von Regenwasser konstruiert wurde. Diese Maschine ist mit getrennten Wasserzuläufen für Trink- und Regenwasser ausgestattet. Sie nutzt das Regenwasser ausschließlich für den Hauptwaschgang, in dem die Keimzahl durch das Erwärmen des Wassers verringert wird. Im letzten Spülgang verwendet sie dagegen Trinkwasser, was das Spülergebnis verbessern und die Keimbelastung reduzieren soll.

Auskünfte und Genehmigungen für die Regenwassernutzung

Folgende Stellen erteilen Auskünfte und Genehmigungen:

- Die Baubehörde, wegen der Ableitung des Wassers vom Grundstück (Änderung der Abwasserleitung).
- Die untere Wasserbehörde, wenn Wasser versickert werden soll.
- Die Gemeindeverwaltung (Stadtverwaltung), wenn Ausnahmegenehmigungen in Bezug auf die Wasser- oder Abwassersatzung erforderlich sind.
- Das Wasserversorgungsunternehmen, wegen der unter Umständen erheblichen Änderung der Trinkwasserinstallation.

Regenwasseranlagen skeptisch: Zum einen verringert die Regenwassernutzung den Umsatz des Unternehmens und zum anderen befürchtet man, dass durch die Installationen die Trinkwasserleitungen verunreinigt werden könnten. Generell gilt: Ist eine Anlage nach den Regeln der Technik und entsprechend den DIN-Normen gebaut, kann der Betrieb nicht verboten werden.

Regeln und Verordnungen

Es gibt eine Reihe von technischen Regeln und Verordnungen, die beachtet werden sollen. Im Wesentlichen sind das:

- DIN 1988, die Technischen Regeln für die Trinkwasserinstallation (TRWI),
- DIN 2000 und DIN 2001, die Vorschriften über die Trinkwasserversorgung mit Hygiene und Gütevorschriften,

- Trinkwasserverordnung, (TrinkwV) mit Pflichten für die Betreiber von Trinkwasseranlagen,
- DIN 1986 für Entwässerungsanlagen für Gebäude und Grundstücke,
- Allgemeine Versorgungsbedingungen Wasser (AVB Wasser).

Diese Verordnungen und Regeln sind nicht ursprünglich für Regenwasseranlagen gedacht. Da eine Regenwasseranlage jedoch Berührungspunkte mit der Trinkwasser- und der Abwasserinstallation hat, müssen sie beachtet werden. An den Stellen, wo sie für den Bau und Betrieb Bedeutung haben, sind sie in diesem Buch berücksichtigt.

Was darf man nun tun?

Grundsätzlich darf jeder ohne Genehmigung das auf seinem Grundstück anfallende Regenwasser sammeln und verwenden. Zu diesem Zweck darf er selbstverständlich auch Leitungen legen und die erforderlichen Geräte und Armaturen montieren. Die Regenwasseranlage kann also jeder, auch der Heimwerker, installieren, sofern er dabei die genannten DIN-Normen und Verordnungen einhält. An der Trinkwasserleitung aber darf nur der vom Versorgungsunternehmen zugelassene Gas- und Wasserinstallateur arbeiten.

Die wichtigste Vorschrift verbietet die Verbindung von Trinkwasser- und Nichttrinkwasseranlagen, auch wenn dieser Kontakt nur vorübergehend (zum Beispiel mit einem Schlauch) hergestellt wird. Deshalb müssen andere Maßnahmen getroffen werden, will man den Vorrat an Regenwasser mit Trinkwasser auffüllen oder zeitweise ganz auf Trinkwasser umstellen.

10
Trink- und Regenwasserleitungen dürfen nicht miteinander verbunden werden.

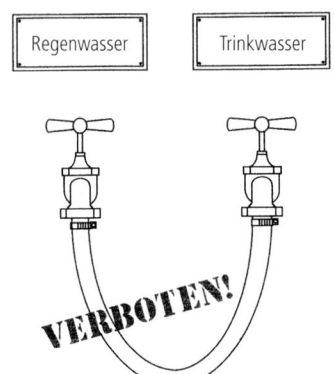

Über einen „offenen Auslauf" an der Trinkwasserleitung lässt sich beispielsweise der Speicher füllen, ohne die beiden Leitungssysteme zu verbinden. Zwei getrennte Rohrleitungen für Trink- und Regenwasser (Parallelinstallation) im Haus ermöglichen jederzeit die Umstellung von Regen- auf Trinkwassernutzung. Das Kapitel „Anlagentechnik" beschreibt diese Lösungen ausführlich.

Die Wasserversorgungsbetriebe schränken in manchen Orten die Nutzung von Regenwasser ein. Zwar muß

Technische Regeln und Verordungen
Das sind die wichtigsten Regeln in Auszügen:

TrinkwV §17 (1): „Wasserversorgungsanlagen, aus denen Trinkwasser oder Wasser für Lebensmittelbetriebe mit der Beschaffenheit von Trinkwasser abgegeben wird, dürfen nicht mit Wasserversorgungsanlagen verbunden werden, aus denen Wasser abgegeben wird, das nicht die Beschaffenheit von Trinkwasser hat. Die Leitungen unterschiedlicher Versorgungssysteme sind, soweit sie nicht erdverlegt sind, farblich unterschiedlich zu kennzeichnen."

AVBWasser §3 (2): „Vor der Errichtung einer Eigengewinnungsanlage hat der Kunde dem Wasserversorgungsunternehmen Mitteilung zu machen. Der Kunde hat durch geeignete Maßnahmen sicherzustellen, dass von seiner Eigenanlage keine Rückwirkungen in das öffentliche Wasserversorgungsnetz möglich sind." Ein möglicher Berührungspunkt entsteht z.B. durch die Trinkwassernachspeisung.
Daher empfiehlt sich der sogenannte „freie Auslauf" als die sicherste Lösung. Der freie Auslauf muss sich immer oberhalb der Rückstauebene befinden. Entscheidend ist der lichte Abstand (H) zwischen Unterkante Zulauf und höchstmöglichem Wasserspiegel,

der nach DIN 1988, Teil 4, größer oder gleich dem doppelten Innendurchmesser (di) der Trinkwasserleitung sein soll, mindestens aber 20 mm betragen muß. Der Durchmesser der Speicherzuleitung muss, zur Vermeidung eines Rückstauens während der Nachspeisung, größer sein, als der Leitungsquerschnitt des Trinkwasserauslaufs.

AVBWasser §12 (1): „Für die ordnungsgemäße Errichtung, Erweiterung, Änderung und Unterhaltung der Anlage hinter dem Hausanschluß mit Ausnahme der Meßeinrichtungen des Wasserversorgungsunternehmens ist der Anschlußnehmer verantwortlich."

AVBWasser §12 (2) Satz 2: „Die Errichtung der (Trinkwasser-) Anlage und wesentliche Veränderungen dürfen nur durch das Wasserversorgungsunternehmen oder ein in ein Installateurverzeichnis eines Wasserversorgungsunternehmens eingetragenes Installationsunternehmen erfolgen." Eine Genehmigungs- bzw. Anzeige ist entsprechend der jeweiligen Landesbauordnung und den Wasser- und Entwässerungssatzungen erforderlich.

der Betrieb einer Regenwasseranlage grundsätzlich erlaubt werden, es gibt aber einen Anschluss- und Benutzungszwang für Trinkwasser, von dem man auf Antrag befreit werden kann. In der Vergangenheit haben einzelne Wasserversorger versucht, die Regenwassernutzung zu verhindern. Mittlerweile ist jedoch, zum Teil gerichtlich durchgesetzt, die Nutzung von Regenwasser akzeptiert.

Etwas schwieriger ist die Frage zu beantworten, wie die Abwassergebühr zu berechnen ist, wenn im Haushalt Regenwasser verwendet wird. Bis jetzt gibt es dafür in Deutschland keine einheitlichen Regeln. Wer es genau wissen will, sollte sich bei seiner Gemeinde oder dem zuständigen Entsorgungsbetrieb nach der örtlichen Lösung erkundigen.

Angewendet werden derzeit verschiedene Abrechnungsverfahren. In Bremen zum Beispiel werden Wasserzähler eingesetzt, die die Menge des von der Pumpe gelieferten Regenwassers messen. Für dieses Wasser verlangt das Versorgungsunternehmen eine Abwassergebühr, zusätzlich zur Abwasserrechnung nach dem Trinkwasserverbrauch. Die Wasserwerke in Hamburg erheben dagegen keine Gebühren, da benutztes Regenwasser nur einen geringen Teil der gesamten Abwassermenge ausmacht. In anderen Städten werden verringerte Gebühren für Abwasser verlangt, das aus der Nutzung von Regenwasser stammt, oder es gibt Regelungen für eine Pauschalgebühr, die nach der Höhe der gemessenen Trinkwassermenge berechnet wird (ein Zuschlag von etwa 25 bis 35 %).

Einige Gemeinden befürworten und fördern aber auch Regenwasseranlagen und erheben solche Gebühren aus grundsätzlichen Erwägungen nicht.

Seit dem Jahr 2003 gilt eine neue Trinkwasserverordnung, die die Verwendung von Regenwasser für die hier beschriebenen Zwecke eindeutig regelt und erlaubt. In dieser Verordnung wurde neu aufgenommen, dass der Betrieb einer Regenwasseranlage dem zuständigen Gesundheitsamt angezeigt werden muss.

Handwerker oder Selbstbau - wer baut die Anlage ein?

Für den Selbstbau der eigenen Regenwasseranlage gibt es gute Gründe. Vor allem die geringeren Kosten und der Wunsch „mit der eigenen Hände Arbeit" etwas für die Umwelt zu tun. Der zum Eigenbau entschlossene Heimwerker muss sich fragen: „Darf und kann ich das?".

Der erste Teil der Frage lässt sich allgemein beantworten: Bei Einhaltung der hier im Buch beschriebenen Regeln und Vorschriften darf jeder eine Regenwasseranlage in seinem Haus selber einbauen. Der Heimwerker darf allerdings keine Arbeiten an der Trinkwasserinstallation durchführen. Wenn das nötig ist, muss er einen Installateur mit diesen Arbeiten beauftragen. An den Abwasserleitungen darf der Heimwerker wiederum selber arbeiten, dabei gibt es keine Einschränkungen. Den zweiten Teil der Frage kann nur jeder für sich beantworten, abhängig von den eigenen praktischen Fertigkeiten.

Keine Schwierigkeiten gibt es, das Material zu beschaffen. Einige überregional arbeitende Firmen versenden vollständige Pakete mit allen für den Bau einer Regenwasseranlage notwendigen Geräten (Firmenadressen sind im Anhang aufgeführt). Armaturen, Rohrleitungen und Anlagenteile können jedoch auch vor Ort im Fachhandel, einem Installationsbetrieb oder einem Baumarkt eingekauft werden.

Vorsicht aber, wer als Heimwerker noch keine Erfahrung mit Wasserinstallationen hat. Beim Bau der Anlage können im Detail Schwierigkeiten auftreten, die nur mit Fachkenntnissen, besonderen Werkzeugen oder auch mit Muskelkraft zu lösen sind. Wer Bedenken hat, dass er solche Schwierigkeiten meistern kann, sollte lieber einen Gas- und Wasserinstallateur beauftragen. Allerdings sind nicht alle Installationsbetriebe bereit, sich mit Regenwasseranlagen zu beschäftigen, weil diese ihnen nicht vertraut sind. Bei der Suche nach einem geeigneten Betrieb kann unter Umständen die zuständigen Handwerkskammer helfen.

Fördermöglichkeiten

Der Bau von Anlagen zur Regenwassernutzung wird mittlerweile durch Förderprogramme unterstützt. Es gibt jedoch keine Übersicht darüber, wo und wie gefördert wird, die Bedingungen sind von Ort zu Ort verschieden. Zudem werden ständig neue Programme zur Förderung von Regenwasseranlagen aufgelegt oder bestehende beendet. Mitarbeiter der Bau- und Umweltämter bei der jeweils zuständigen Stadt- oder Gemeindeverwaltung kennen die geltenden Programme und geben über sie Auskunft.

So geht das Land Nordrhein-Westfalen mit gutem Beispiel voran: Der Bau einer Regenwasseranlage wird mit bis zu 1500 € gefördert, allerdings nur Anlagen, die Regenwasser zur häuslichen Verwendung, also für WC, Waschmaschine und Gartenbewässerung bereit stellen. Anlagen, die ausschließlich der Gartenbewässerung dienen, sind nicht förderfähig. In Bremen fördert das Umweltressort bis zu einem Drittel der Baukosten, bis zu einer Höchstsumme von 1500 €.

Aber auch kleine Gemeinden fördern die Nutzung des Regenwassers. So beispielsweise die Gemeinde Langenberg, die jede neue Anlage mit bis zu 511,29 € fördert.

Das sind Bedingungen, die es erleichtern, Regenwasser zu nutzen, und auch die Rentabilität verbessern. Leider sind diese Förderprogramme in allen Ländern und Gemeinden unterschiedlich und werden immer wieder verändert, so dass hier keine allgemeingültige Information gegeben werden kann.

Regenwasser im Internet

Wie zu erwarten, findet man im Internet tausende von Einträgen zum Stichwort Regenwasser, die zu Quellen unterschiedlichster Qualität führen. Eine verbreitete Suchmaschine gibt beim Stichwort „Regenwasser" 64200 Ergebnisse.

Es wäre müßig, hier alle Funde aufzulisten, täglich kommen neue Seiten hinzu, während andere verschwinden. Anhand einiger Beispiele sollen hier die Möglichkeiten sowie die Bandbreite der Informationen dargestellt werden.

Städte und Gemeinden informieren auf ihren Websites über Bau und Nutzen von Regenwasseranlagen sowie über Fördermöglichkeiten, so beispielsweise die Gemeinde Wabern (*http:// www.hessennet.de/wabern/1info/ Buerger_Foerderung/default.htm*). Aber auch die Bundesländer informieren, beispielsweise sind die Förderrichtlinien für Nordrhein-Westfalen unter der Adresse *http://www.munlv.nrw.de/sites/arbeitsbereiche/boden/initiativewasser-Site/seiten/fb60i.html* einzusehen.

Auf der Häuslebastler Homepage (*http://home.rhein-zeitung.de/~ghasselb/index.html*) findet man Tipps auch für die Verwendung gebrauchter Speicher.

Ein Regenwasserforum gibt Antworten auf Fragen, beispielsweise, ob Wäsche, die mit Regenwasser gewaschen wurde, „müfft" (*http://www. rewalux. de/forum/*) oder selbst auf die Frage, ob Wasser bergauf läuft.

Die Fachvereinigung Betriebs- und Regenwassernutzung e.V., ein herstellernaher Verband, informiert unter *http:// www.fbr.de* über technische und rechtliche Aspekte der Regenwassernutzung und liefert auch ein Firmenverzeichnis der einschlägigen Hersteller.

Die Zusammensetzung von Regenwasser wird immer wieder untersucht, eine ausführliche Darstellung ist unter *http://lims.uni-duisburg.de/Tagungen/ UAT2000/Abstracts/Untersuchungvon-Regenwasser/UntersuchungvonRegenwasser.htm* zu finden.

Software zur Berechnung von Regenwasseranlagen kann als Demoversion kostenlos bei *http://www.hamena. com/ ha02001.htm* heruntergeladen werden.

Diese Aufzählung könnte man unendlich fortsetzen. Viele Einträge sind gewerblich, von Herstellern und Händlern für Bauteile oder aber von Installateuren, die Anlagen einbauen, auch hier lassen sich viele Informationen finden.

Wer Spaß daran hat, für den lohnt es sich zu suchen; es ist überraschend, wie viel zu diesem Thema im Internet zu finden ist.

Es soll hier nicht verschwiegen werden: Auch der Autor dieses Buches hat eine eigene Homepage, die zum Thema informiert (*http://www.khboese.de*). Darüber hinaus können sie eine e-mail mit Anregungen und Kritik zu diesem Buch an die Adresse des Autors (*kh@khboese.de*) schicken.

Anlagentechnik

Größe der Anlage

Eine Regenwasseranlage soll an niederschlagsreichen Tagen so viel Wasser
speichern können, dass die angeschlos-
senen Verbraucher auch während
Trockenperioden mit Regenwasser gespeist werden können. Ein sehr großes

Speichervolumen, das für diesen Zweck
wünschenswert wäre, bringt aber nicht
nur erhöhte Kosten, sondern hat außerdem Nachteile hinsichtlich der Qualität
des Wassers. Der Gesamtpreis für die
Anschaffung der Regenwasser-Sammel-

11
Durchschnittswerte
der jährlichen
Niederschläge in
Deutschland,
Schweiz und
Österreich.
Quelle: Wilo.

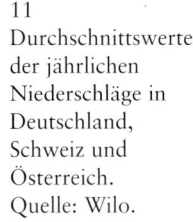

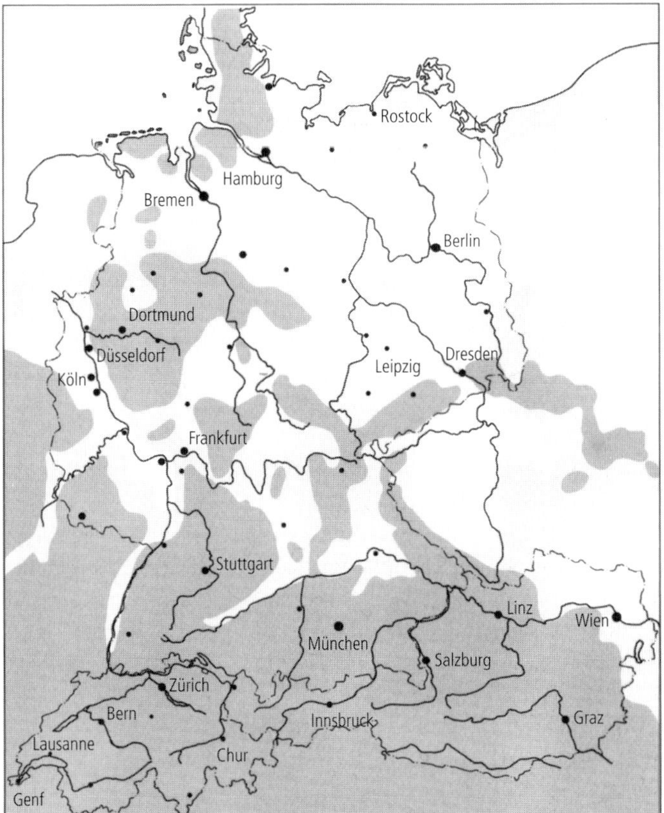

Jahresniederschläge
je m²
☐ unter 600 mm
▥ zwischen 600 und
800 mm
▦ über 800 mm
(im windreichen
norddeutschen
Küstengebiet über
700 mm)

anlage sollte in einem ausgewogenen Verhältnis zur Speichergröße stehen, damit die künftige Ersparnis bei den Trinkwasserkosten die Kosten für die Anlage aufwiegt. Auf die optimale Größe eines Regenwasserspeichers haben verschiedene Faktoren Einfluss:

Die Niederschlagsverhältnisse

Abbildung 11 gibt einen Überblick über die Niederschlagsverhältnisse in Deutschland, Österreich und der Schweiz, wobei drei Zonen unterschieden werden: In der Zone I (hellgrau) fallen durchschnittlich im Jahr bis zu 600 mm Niederschlag, in der Zone II (mittelgrau) zwischen 600 und 800 mm und in der Zone III (dunkelgrau) über 800 mm. Die in der Karte angegebenen Werte sind Durchschnittswerte der Jahresniederschläge, die örtlich und jährlich durchaus abweichen können.

Abflussbeiwerte von Dachkonstruktionen		
Dacheindeckung	Abfluss-beiwert	Eignung für Regenwasser-anlagen
Flachdach mit		
• Kiesschüttung	0,60	gut geeignet
• Bepflanzung	0,20	weniger geeignet
• bitumenhaltigen Dachbahnen	0,70	weniger geeignet
• Metallbahnen	0,70	geeignet
Schrägdach mit		
• Dachbahnen	0,80	gut geeignet
• Schieferdeckung	0,75	gut geeignet
• Ziegel- oder Betondachsteinen	0,75	gut geeignet
• Bepflanzung	0,25	weniger geeignet
• bitumenhaltigen Dachbahnen	0,80	weniger geeignet
• Metallbahnen	0,80	geeignet
Asbestzementeindeckung		nicht geeignet

Tabelle 6:
Abflussbeiwerte verschiedener Dachkonstruktionen.

Die Größe der Auffangfläche

Da in der Regel vorhandene Dachflächen zum Auffangen des Regenwassers genutzt werden, liegt die Größe der Auffangfläche meist fest. Als Auffangfläche zählt die Grundfläche des Gebäudes, einschließlich der Dachüberstände. Dachflächen, deren Regenfallrohre nicht an die Regenwasseranlage angeschlossen werden, können natürlich nicht zur Auffangfläche gerechnet werden – von ihnen fließt das Regenwasser weiterhin direkt in den Kanal.

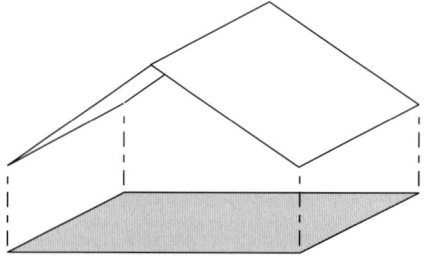

Grundfläche = Regenauffangfläche

12
Die Grundfläche des Hauses einschließlich aller Dachüberstände ist die Regenauffangfläche.

Dachneigung und Material der Dacheindeckung

Bauform und Material der Dachoberfläche beeinflussen die Menge und die Geschwindigkeit des abfließenden Regenwassers. Auf rauhem Material und in kleinen Vertiefungen auf dem Dach bleibt Regenwasser zurück und verdunstet. Der Regenwasserertrag wird dadurch verringert. Ein stark geneigtes

Tonziegeldach ist andererseits besonders günstig, weil es das Wasser sehr schnell abfließen lässt. Dagegen hält ein flaches Grasdach das Wasser lange zurück. Es lässt relativ viel aufgefangenes Regenwasser verdunsten und die Pflanzen auf dem Dach verbrauchen einen Teil des Wassers.

Die unterschiedlichen Abflusseigenschaften verschiedener Dächer werden bei der Berechnung des Wasserertrags durch den Abflussbeiwert berücksichtigt. Der Abflussbeiwert ist das Verhältnis der Regenmenge, die zum Speicher fließt, zu der Regenmenge, die auf das Dach auftrifft. Tabelle 6 nennt typische Abflussbeiwerte für verbreitete Dachformen.

Regenwasserbedarf

Der Bedarf an Regenwasser in einem Haushalt hängt davon ab, wie viele Personen das Wasser nutzen und welche Verbraucher an die Regenwasseranlage angeschlossen werden sollen. Vor der Ermittlung des Bedarfs ist es sinnvoll, zu klären, ob durch Ausstattung mit wassersparenden Armaturen und Geräten, der (Regen-) Wasserverbrauch reduziert werden kann: Denn je geringer der Regenwasserverbrauch ist, desto geringer fallen auch die Bau- und Betriebskosten der Regenwasseranlage aus. Für Verbraucher, die mit Regenwasser gespeist werden können, kann man von folgenden Verbrauchswerten je Person und Tag ausgehen:

Toilette
- mit normalem Spülkasten	45 (l/d)/Pers.
- mit Spararmaturen	20 (l/d)/Pers.

Waschmaschine
- altes Modell	20 (l/d)/Pers.
- Modell mit Wasserspartechnik	12 (l/d)/Pers.

Der Wasserbedarf für die Gartenbewässerung lässt sich schlecht vorausberechnen. In trockenen Sommern wird das gesammelte Regenwasser zur Bewässerung kaum ausreichen, in nassen Sommern und im Winter hingegen muss der Garten nur wenig bewässert werden. Überschlägig kann man 60 Liter/Jahr je bewässertem Quadratmeter Gartenfläche ansetzen.

Diese Angaben dienen zur Orientierung, der tatsächliche Verbrauch richtet sich vor allem nach dem Verbrauchsverhalten der Nutzer.

Berechnung der Anlagengröße

Die Größe einer Regenwasseranlage berechnet man in drei Schritten.

1. Regenwasserertrag

Der mögliche Ertrag errechnet sich so:

Regenwasserertrag/Jahr [l] =
Auffangfläche (Grundfläche) [m²]
· Abflussbeiwert
· Niederschlagshöhe/Jahr [mm]

Beispiel für ein Einfamilienhaus mit Ziegeldach (Auffangfläche 150 m²; Abflussbeiwert 0,8) im Raum Stuttgart (Zone III, über 800 mm Niederschlag im Jahr):

Regenwasserertrag =
150 m² · 0,8 · 800 mm/a = 96000 l

Für die Niederschlagshöhe wird der geringste statistische Durchschnittswert der Zone III angenommen, sofern keine genaueren Werte zur Verfügung stehen. Der errechnete Regenwasserertrag kann also deutlich höher ausfallen, wenn die tatsächliche Niederschlagsmenge pro Jahr z.b. bei 1000 mm liegt – eine Menge, die in den deutschen Mittelgebirgen vielerorts erreicht oder überschritten wird.

Der Regenwasserertrag wird beim Filtern des Wassers verringert. Der Verlust kann abhängig vom Filtertyp bis zu 10% betragen. Der errechnete Ertrag ist daher gegebenenfalls um den Filterverlust (z.B. durch einen Faktor 0,9 bis 0,95) zu korrigieren. Die Filterverluste werden in den technischen Herstellerunterlagen des gewählten Filters genannt.

2. Regenwasserbedarf

Der jährliche Bedarf an Regenwasser wird aus dem Verbrauch je Person und Tag errechnet. Deshalb wird die Anzahl der im Haushalt vorhandenen Toiletten nicht berücksichtigt.

Der jährliche Regenwasserbedarf in einem 4-Personen-Haushalt beträgt also 58720 l/a, sofern Spararmaturen an den Toiletten und eine Waschmaschine mit Wassersparttechnik verwendet werden und die Annahmen über den Wasserverbrauch im Garten zutreffen.

3. Größe des Regenwasserspeichers

Mehrere Argumente sprechen dafür, den Speichertank so groß zu wählen, dass der Haushalt bei 2 bis 3 Wochen Trockenheit mit Regenwasser versorgt werden kann:

• Trockenperioden dauern selten länger als 2 bis 3 Wochen. Ein großer Speicher, der einen Vorrat für einen längeren Zeitraum ermöglicht, bringt deshalb nur selten eine zusätzliche Trinkwasserersparnis. In der Regel sind für Einfamilienhäuser Speicher mit max. 3 m³ Inhalt ausreichend.

• Ein Speicher sollte regelmäßig überlaufen. Dadurch werden Verschmutzungen, die auf der Oberfläche schwimmen, ausgespült.

• Regenwasser sollte nicht zu lange gespeichert werden, da sich seine Qualität bei sehr langer Lagerung verschlechtert.

Regenwasserbedarf in einem 4-Personen-Haushalt					
Toilette	20 l/Pers.(pro Tag)	4 Personen	365 Tage		29.200 l/a
Waschmaschine	12 l/Pers. (pro Tag)	4 Personen	365 Tage		17.520 l/a
Gartenbewässerung	60 l/m² (pro Jahr)	200 m²			12.000 l/a
Bedarf pro Jahr:					**58.720 l/a**

Tabelle 7:
Regenwasserbedarf in einem 4-Personen-Haushalt.

- Die Anschaffungskosten steigen mit dem Volumen des Speichers. Ist der Speicher zu groß, amortisiert er sich nicht durch die Kostenersparnis beim Trinkwasser.

Im Folgenden werden zwei Möglichkeiten zur Ermittlung der Speichergröße vorgestellt:

a) Berechnung der Speichergröße nach Bedarf. Dieser Rechenweg wird gewählt, wenn, bezogen auf den Verbrauch, eine optimale Speichergröße gewünscht wird.
b) Ermittlung der Speichergröße nach Regenmenge und nutzbarer Dachfläche aus einem Diagramm. Dieser Weg wird gewählt, wenn das anfallende Regenwasser möglichst vollständig gesammelt und genutzt werden soll.

a) Berechnung der Speichergröße nach dem Bedarf

Die Speichergröße wird so berechnet:

Speichergröße [l] =
jährlicher Regenwasserbedarf [l]
· Vorrat [d] / 365 [d]

Beispiel bei einem angestrebten Vorrat für 2 Wochen:

Speichergröße (14-Tage-Vorrat) =
58720 l · 14 d / 365 d =
2252 l = 2,252 m³

Beispiel bei einem angestrebten Vorrat für 3 Wochen:

Speichergröße (21-Tage-Vorrat) =
58720 l · 21 d / 365 d =
3378 l = 3,378 m³

Auf der Grundlage dieser Berechnungen kann ein Speicher mit passender Größe ausgewählt werden, beispielsweise mit einem Volumen von 3 oder 3,5 m³. Eine genauere Größenbestimmung ist bei kleinen Haushaltsanlagen weder erforderlich noch möglich. Es lässt sich nicht vermeiden, dass der Speicher hin und wieder überläuft und manchmal Trinkwasser nachgespeist werden muss. Der hier vorgeschlagene Rechenweg ist nur für kleinere Anlagen im Ein- oder Zweifamilienhaus geeignet, für größere Anlagen sind weitergehende, genauere Berechnung sinnvoll, die man am besten von einem darin erfahrenen Fachmann vornehmen lässt.

b) Ermittlung der Speichergröße nach Regenmenge und nutzbarer Dachfläche aus einem Diagramm.

Mit dem Diagramm in Abb. 13 lässt sich die Speichergröße ermitteln, wenn man vor allem Wert auf eine vollständige Erfassung des Regenwassers legt. Es dient auch dazu, die Rechnung aus dem vorherigen Beispiel dahingehend zu überprüfen, ob der Bedarf mit der vorhandenen Dachfläche überhaupt gedeckt werden kann. Dabei kann man folgender Regel verfahren:

Ergibt sich mit dem Diagramm eine kleinere Speichergröße als mit der Bedarfsberechnung, wird der kleinere Speicher nach Diagramm gewählt. Es ist aufgrund des zu kleinen Regenwasserangebots mit entsprechendem Bedarf an Nachspeisung zu rechnen. Ergibt sich mit dem Diagramm ein größerer Speicher als nach der Berechnung, wird der kleinere Speicher nach Berechnung gewählt, da der Bedarf geringer ist als das Regenwasserangebot.

13
Diagramm zur Bestim-
mung der zu einer
gegebenen Dachfläche
passenden Speichergröße,
unabhängig vom
Regenwasserbedarf.

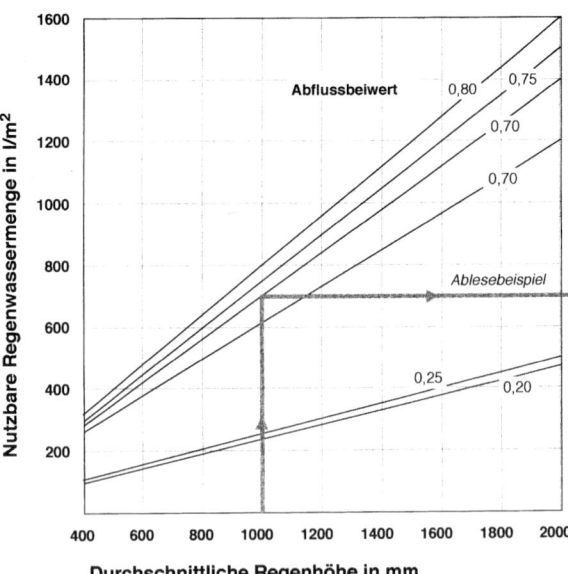

Durchschnittliche Regenhöhe in mm

Die für eine gegebene Dachfläche sinn-
volle Größe des Speichers lässt sich mit
dem Diagramm in Abbildung 13 ermitteln. Dazu benötigt man:

- die Niederschlagshöhe aus der
  Karte,
- den Abflussbeiwert,
- die Dachfläche (= Grundfläche des
  Hauses).

Anhand des Diagramms ermittelt man
z.B. ein Speichervolumen von rund
6300 l bei 1000 mm Niederschlag, einem Abflussbeiwert von 0,7 und einer
Dachfläche von 180 m².

Nutzungsgrad der Anlage

Der auf die Sammelflächen fallende Regen kann nicht zu 100% genutzt werden. Der Nutzungsgrad der Anlage ist
ein Maß dafür, wie viel Regenwasser

mit der Anlage effektiv genutzt wird –
ähnlich dem Abflussbeiwert für das
Dach. Er ergibt sich aus dem Verhältnis
von tatsächlich genutztem Regenwasser
zu der Niederschlagsmenge, die auf das
Dach auftrifft.

Für größere Anlagen ist die Ermittlung des Nutzungsgrades wichtig. Der
dazu notwendige Einbau eines Wasserzählers hinter der Regenwasserpumpe
lohnt sich, da man an ihm erkennen
kann, ob die Anlage richtig geplant und
gebaut wurde und ob unter Umständen
Verbesserungen erforderlich sind. Bei
kleineren Anlagen im Einfamilienhaus
wird man, sofern nicht vom Wasserversorgungsunternehmen gefordert, in der
Regel keinen Wasserzähler für das Regenwasser einbauen. Der Betreiber
kann den Füllstand des Speichers zeitweise überprüfen und auch darauf achten, wie oft Trinkwasser nachgespeist
wird.

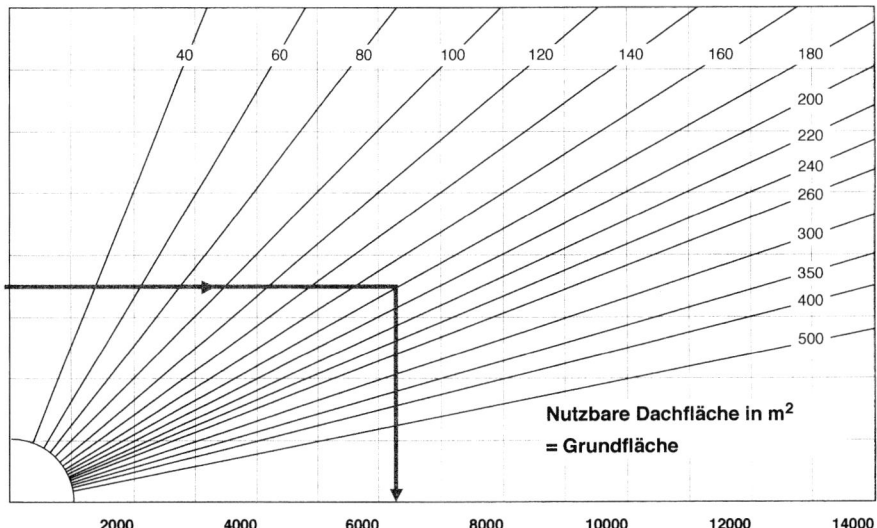

Nutzbare Dachfläche in m²
= Grundfläche

40 60 80 100 120 140 160 180
200
220
240
260
300
350
400
500

2000   4000   6000   8000   10000   12000   14000

Speichergröße in Litern

Der Nutzungsgrad wird errechnet aus:

Nutzungsgrad (%) =
Regenwasserverbrauch · 100 /
nutzbarer Niederschlag

Der nutzbare Niederschlag ist der Niederschlag auf die Sammelfläche multipliziert mit dem Abflussbeiwert.

Beispiel bei einer jährlichen Regenwassermenge von 225 m³ und einem Regenwasserverbrauch von 201 m³:

Nutzungsgrad =
201 m³ · 100 / 225 m³ = 89%

Der Nutzungsgrad in dem Beispiel beträgt 89%. Regenwasseranlagen sollten Nutzungsgrade zwischen 70% und 90% haben. Ist der Nutzungsgrad kleiner oder größer, liegen eventuell Planungsfehler vor, z.B. ist der Nutzungsgrad klein, wenn der mittlere Verbrauch deutlich geringer ist als der Re-

genwasserertrag. Aber auch Fehler beim Bau oder der Einstellung der Anlage können sich im Nutzungsgrad bemerkbar machen: Beispielsweise kann der Schwimmer für die Nachspeisung von Trinkwasser so eingestellt sein, dass zu oft Wasser nachgespeist wird. Das hätte einen hohen Nutzungsgrad zur Folge – möglicherweise über 100%.

Eine vollständige Ausnutzung des gesammelten Regenwassers ist nur zu erreichen, wenn der Speicher großzügig überdimensioniert wird. Davon wird jedoch aus den im vorigen Kapitel genannten Gründen abgeraten.

Weitere Möglichkeiten der Berechnung

Die bisher vorgestellten Berechnungsmethoden eignen sich gut für Planung und Betrieb von kleinen und mittleren Regenwasseranlagen in Wohnhäusern.

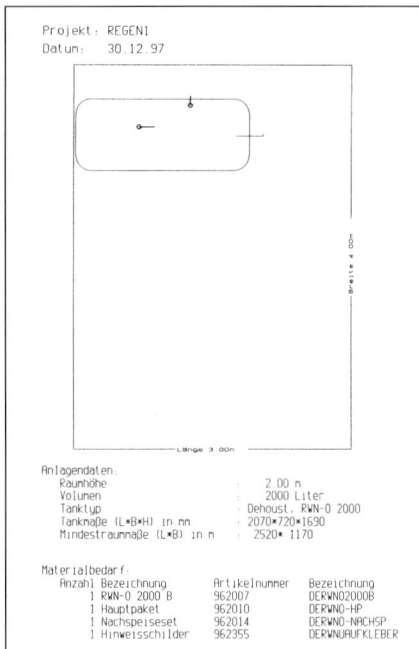

```
Projekt : REGEN1
Datum :   30.12.97
```

Anlagendaten:
Raumhöhe   : 2.00 m
Volumen   : 2000 Liter
Tanktyp   : Dehoust, RWN-O 2000
Tankmaße (L*B*H) in mm   : 2070*720*1690
Mindestraummaße (L*B) in m   : 2520* 1170

Materialbedarf:

Anzahl	Bezeichnung	Artikelnummer	Bezeichnung
1	RWN-O 2000 B	962007	DERWNO2000B
1	Hauptpaket	962010	DERWNO-HP
1	Nachspeiseset	962014	DERWNO-NACHSP
1	Hinweisschilder	962355	DERWNUAUFKLEBER

14
Das Berechnungsprogramm CATS liefert
alle Daten zur Anlage und eine Zeichnung
des Aufstellraums.   Quelle: Dehoust

Bei großen Wohnanlagen oder gewerb-
lichen Objekten ergeben diese Methoden aber zu ungenaue Werte: Dann besteht die Gefahr, dass die Anlage un-
wirtschaftlich arbeitet und die in sie gesetzten Erwartungen nicht erfüllt. Verfahren zur Berechnung großer Regenwasseranlagen bieten sowohl deren
Hersteller als auch spezialisierte Inge-
nieurbüros an.

Es gibt zudem Computerprogramme,
die ebenfalls für die Planung großer
Anlagen gedacht sind – das Einfamilienhaus kann man schließlich ausreichend gut mit Bleistift und Papier berechnen. Bei solchen computergestütz-
ten Berechnungen können mehr Daten

verarbeitet und Simulationsrechnungen
angestellt werden: So sind z.B. Modell-
rechnungen für zurückliegende Jahre
möglich, anhand derer man entscheiden
kann, ob die ausgewählte Anlagengrö-
ße die in sie gesetzten Erwartungen erfüllt hätte. Die Auswirkungen unterschiedlicher Speichergrößen auf die
Wirtschaftlichkeit der Anlage lassen
sich ebenfalls mit solchen Programmen
simulieren. Software für Regenwasseranlagen bieten u.a. die Firmen ASP, Dehoust, Hamena, Intewa und Sanitärsystemtechnik an (Adressen im Anhang).
Die Nennung der Firmen stellt keine
Bewertung dar, andere Hersteller haben
ebenfalls Programme im Angebot.

Reinigen mit Filtern

Das vom Dach abfließende Regenwasser enthält Verunreinigungen. Ob es
deshalb vor Gebrauch gefiltert oder gar
desinfiziert werden muss, hängt vom
Verwendungszweck und von der Art
der Verschmutzung ab.

Das Regenwasser schwemmt Staub,
Blätter und Teile von Zweigen, vielleicht auch Vogelkot und andere Stoffe
vom Dach in das Fallrohr. In die Fallrohrstutzen der Dachrinne kann ein
Gitter eingesetzt werden, das die gröb-
sten Verschmutzungen zurückhält.
Auch ein Laubfanggitter in der Dachrinne fängt Grobteile auf.

Wird das Wasser ausschließlich zur
Gartenbewässerung benutzt, reicht zur
Reinigung ein einfacher Siebfilter im
Fallrohr aus, der grobe Teile zurück-
hält. Mit kleinen Schmutzteilchen wird
die Gartenpumpe nämlich fertig und

dem Garten schaden sie nicht. Bei Verwendung zum Wäschewaschen sind höhere Anforderungen zu stellen. Gelangen die Verunreinigungen in die Waschmaschine, können Rückstände in der Wäsche bleiben oder die Waschmaschine beschädigen. Regenwasser für die Waschmaschine muss deswegen weitgehend gefiltert werden. Eine Wasseraufbereitung, die auch die chemische und hygienische Beschaffenheit des Regenwassers verändert, ist für den häuslichen Bereich jedoch nicht sinnvoll.

Der Filter soll das Regenwasser von Teilchen reinigen, damit:

• es in der Pumpe und in den Armaturen keine Störungen verursacht,
• der Wasserspeicher mehrere Jahre ohne Reinigung betrieben werden kann,
• es wenig organische Stoffe enthält und deshalb lange frisch bleibt.

Auch nach der Filterung vor dem Speichereinlauf enthält das Wasser noch feine Schwebstoffe, die vom Filter nicht erfasst werden. Sie setzen sich mit der Zeit am Boden des Speichers ab und bilden den Nährboden für eine biologische Selbstreinigung. Damit dieser Selbstreinigungsprozeß stattfinden kann, sollte die Wassertemperatur im

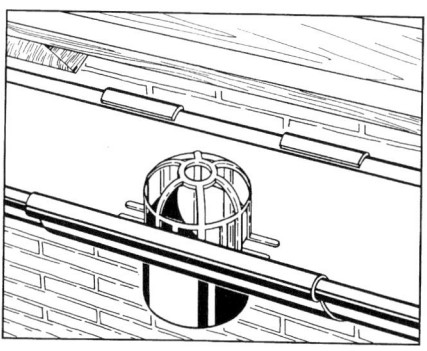

15
Ein Laubfanggitter im Fallrohrstutzen der Dachrinne hält grobe Verunreinigungen zurück.   Quelle: Marley

16 a und b
Ein Gittereinsatz in der Regenrinne verhindert, dass sich Blätter in der Rinne sammeln. Sie trocknen auf dem Gitter ab und werden weggeweht.   Quelle: Marley

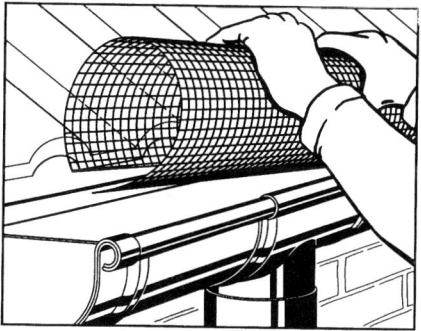

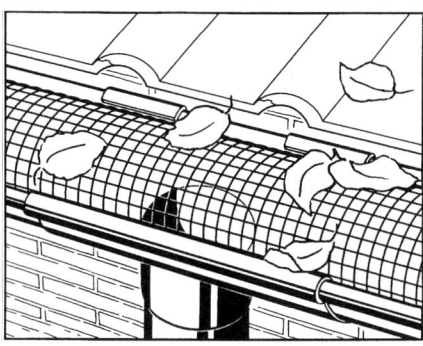

Anforderungen an einen Filter

• Maschenweite kleiner als 0,2 mm
• Geringer Wartungsaufwand – Reinigung höchstens einmal jährlich
• Keine Keimvermehrung im Filter
• Freier Durchfluss gemäß DIN 1988
• Guter Wirkungsgrad – geringe Wasserverluste

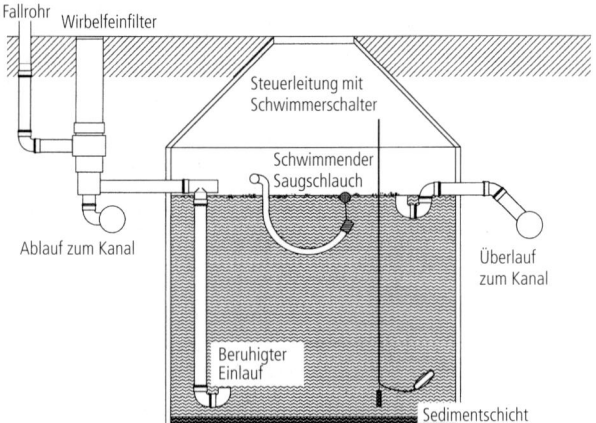

Fallrohr
Wirbelfeinfilter
Steuerleitung mit
Schwimmerschalter
Schwimmender
Saugschlauch
Ablauf zum Kanal
Überlauf
zum Kanal
Beruhigter
Einlauf
Sedimentschicht

17
So wird das Regenwasser sauber. Das Wasser aus dem Fallrohr wird erst im Wirbelfeinfilter gesäubert und fließt dann über eine Einlaufberuhigung in den Speicher. Auf dem Speicherboden setzen sich schwere Schmutzteilchen ab. Schwimmende Stoffe werden bei jedem Überlaufen des Speichers ausgespült.

Speicher 16°C nicht überschreiten. Um ein häufiges Aufwirbeln der Sedimente durch einlaufendes Wasser zu verhindern, sollte am Zuflussrohr im Speicher eine Einlaufberuhigung angebracht sein.

Ein Teil der Schwebstoffe setzt sich langsam ab, ein anderer Teil steigt nach oben. An der Wasseroberfläche sammelt sich eine schwimmende Schmutzschicht, die bei starken Regenfällen und gefülltem Speicher durch Überlaufen in den Kanal geschwemmt wird. Das sauberste Wasser befindet sich demnach im oberen Drittel des Speichers. Dort sollte das Wasser entnommen werden.

Die Reinigung des Regenwassers erfolgt also in drei Stufen:

1. Stufe: Der Filter im Zulauf hält grobe Verunreinigungen zurück.
2. Stufe: Feine Schwebstoffe setzen sich am Boden des Speichers ab, wobei das Sediment durch biologische Abbauprozesse mineralisiert.
3. Stufe: Bei gelegentlichem Überlaufen des Speichers (z.B. bei starken Regen-

fällen) werden Schwimmstoffe in den Kanal gespült.

Für die 1. Stufe sind grundsätzlich selbstreinigende Filter zu bevorzugen, da bei ihnen nicht die Gefahr besteht, dass sie bei hohem Laubanfall verstopfen.

Filtersammler im Fallrohr

Das untere Ende des Regenrohrs ist eine sehr günstige Stelle für den Einbau des Filters. Für diesen Zweck wurde der Filtersammler entwickelt, in dem das Regenwasser ein feines Sieb aus Edelstahl (Maschenweite 0,17 mm) durchfließt und dann zum Speicher geleitet wird. Grober und feiner Schmutz wie Baumfrüchte (ja, auch das gibt es in der Dachrinne!), Blätter, Moos oder Insekten, kann den Filter nicht verstopfen, sondern wird, da das Filtergewebe senkrecht im Rohr steht, von selbst mit einem Teil des Regenwassers in die Kanalisation gespült. Etwa ein- bis zweimal im Jahr sollte man das Sieb jedoch ausbauen und mit einem scharfen Was-

serstrahl abspritzen oder mit einer Bür-
ste reinigen. Dadurch wird der dünne
Belag entfernt, bevor die Sammelleistung des Filtersammlers schlechter
wird. Auch ohne Filtereinsatz arbeitet
das Gerät als Regensammler mit guter
Sammelleistung.

Bei normalen Regenfällen leitet der
Filter etwa 90% des anfallenden Wassers in den Speicher, bei stärkeren Niederschlägen sinkt die erfasste Menge
und kann bei Wolkenbrüchen auf 50%
zurückgehen. Der Rest des Wassers rei-
nigt das Sieb und fließt anschließend in
die Kanalisation. Die Verringerung des
Regenwasserertrags um etwa 10% bei
normalen Regenfällen sollte bei der Bemessung der Anlage berücksichtigt werden. Die große Verringerung bei sehr
starken Regengüssen hat dabei weniger
Bedeutung, da der Speicher bei Starkre-
gen ohnehin häufig überläuft.

Einbau

Ein Vorteil dieses Filtersammlers liegt
darin, dass er direkt ins Fallrohr eingebaut werden kann und der Querschnitt
des Fallrohrs unverändert bleibt. Filtersammler werden in den für Fallrohre
üblichen Durchmessern 76, 80, 87, 100
und 110 mm hergestellt, das Material
ist wahlweise Zink, Kupfer oder Edelstahl. Im Neuzustand sind diese Materialien metallisch blank, nach kurzer
Zeit aber wird Zink mattgrau und
Kupfer zunächst dunkelbraun und später grün (Patina). Auf keinen Fall dürfen Zink- und Kupferbauteile miteinander verbunden werden, da das Zinkblech mit der Zeit zerstört werden würde. Filtersammler aus Edelstahl können
in alle Fallrohre eingebaut werden, da
sich der Edelstahl neutral gegenüber

18 a
Filtersammler zum Einbau in das Regenfall-
rohr.   Quelle: Wisy

18 b
Im Fallrohrfilter (Filtersammler) wird das an
der Innenwand ablaufende Wasser aufgefangen und gefiltert. Der
Schmutz wird in der
Rohrmitte mit Rest-
wasser in den Kanal
weitergeleitet.
Quelle: Wisy

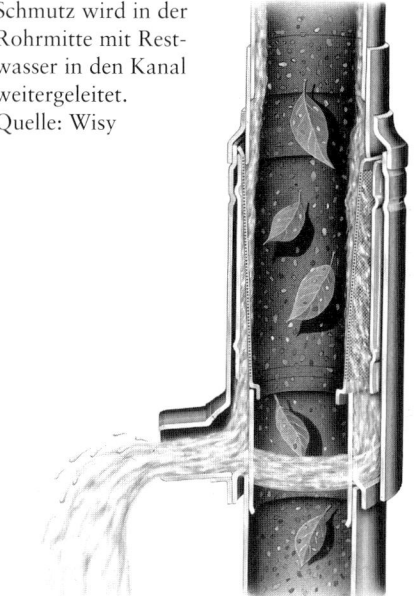

19
Der selbstreinigende Wirbelfeinfilter wird im Erdreich eingebaut. Durch eine Revisionsöffnung kann er von oben gewartet werden. Quelle: Wisy

anderen Metallen verhält. Bei Fallrohren aus Kunststoff kann das Material des Filtersammlers frei gewählt werden.

Regenwasser fließt im geraden Fallrohr zum größten Teil an der Innenwand und wird dort vom Filtersammler aufgefangen. Vor dem Sammler sollte das Fallrohr mindestens 1 m geradlinig und unbeschädigt sein, damit das Wasser nicht verwirbelt wird.

Zum Einbau des Filtersammlers sägt man ein entsprechend langes Stück aus dem Fallrohr aus, entfernt den scharfen Grat, schiebt die beiden Gehäuseteile des Filtersammlers über das Rohr und

steckt sie zusammen. Ober- und unterhalb des Sammlers sollte das Fallrohr mit jeweils einer Rohrschelle zusätzlich an der Wand befestigt werden.

Das gefilterte Regenwasser verlässt den Filtersammler durch einen Ausflussstutzen mit 50 mm Durchmesser. Mit HT-Rohren (mittelgraue, hochtemperaturbeständige Kunststoffrohre) kann das Wasser vom Filter zum Speicher geleitet werden. Bei längeren Strecken sowie beim Zusammenführen mehrerer Rohre muss die Leitung um jeweils eine Rohrdimension erweitert werden, d.h.: von DN 50 auf DN 70 und von DN 70 auf DN 100.

Eine Weiterentwicklung des Fallrohrsammlers ist der Standrohr-Filtersammler. Er wird anstelle des Standrohres eingebaut, das die Fallleitung mit dem in der Erde liegenden Kanal verbindet. Der Ausflussstutzen für das gefilterte Wasser ist beim Standrohr-Filtersammler unter der Erdoberfläche, wodurch er weitgehend gegen Frost geschützt ist. Zum Einbau wird der Standrohr-Filtersammler in die nach oben gerichtete Muffe des Regenwasserkanals gesteckt und mit zwei Rohrschellen an der Hauswand befestigt.

Wirbel-Feinfilter

Der Wirbel-Feinfilter wird in die Erde eingebaut und eignet sich gut, um größere Wassermengen aus mehreren Fallrohren zu filtern. Anders als der im Fallrohr eingebaute Filtersammler kann er auch im Winter bei Frost benutzt werden. Das Regenwasser gelangt aus einem waagerecht in der Erde verlegten KG-Rohr (rotbraunes PVC-Kanalrohr) mit der Nennweite 100, 125 oder

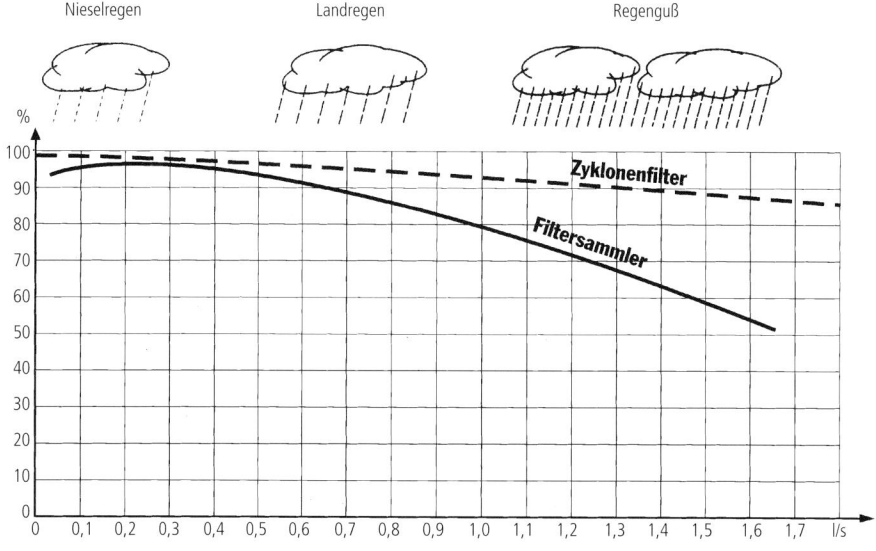

20

Selbstreinigende Filter sammeln nicht alles ankommende Wasser, je nach Stärke des Regens fließt ein größerer oder kleinerer Anteil in den Kanal. Der Zyklonenfilter (Wirbel-Feinfilter) hat bei stärkerem Regen die größere Ausbeute.   Quelle: Wilo

150 mm in den Wirbel-Feinfilter. Dort fließt es strudelförmig durch einen Siebeinsatz mit einer Maschenweite von 0,18 mm. Schmutz und ein kleiner Teil des Wassers passieren das Sieb nicht und werden durch den zentralen Ablauf in den Kanal gespült. Für die weitere Verwendung in Garten und Haushalt ist das gefilterte Regenwasser ausreichend sauber. Das Filtersieb bleibt durchlässig, soll aber von Zeit zu Zeit mit einem scharfen Wasserstrahl gereinigt werden.

Einbau

Der Wirbel-Feinfilter ist nicht druckbeständig und kann daher nicht an befahrenen Stellen eingebaut werden. Wegen der leichten Verformbarkeit des Gehäuses, darf das aufgefüllte Erdreich nach dem Einbau auch nicht mit einem Rüttler verdichtet werden. Zwischen Zu- und Ablauf des Wirbel-Feinfilters besteht ein Höhenunterschied von etwa 50 cm. Vor dem Einbau sollte daher überprüft werden, ob die Höhenverhältnisse von Zu- und Ablaufleitung einen Anschluss des Wirbel-Feinfilters an die Grundleitung erlauben. Unter Umständen hilft es auch, eine Rohrleitung entsprechend neu zu verlegen. Der Filter hat einen Zuflussstutzen mit einem Durchmesser von 150 mm und zwei Abflussstutzen (je 100 mm Durchmesser). Sie sind frei drehbar, so dass die Zu- und Abflussrohre in alle Richtungen verlegt werden können. Die Kanalrohre werden mit Steckmuffen angeschlossen. Von den beiden Abflüssen führt das untere Rohr zur Sammelleitung, das andere (seitliche) in den Regenwasserspeicher. Das Zulaufrohr zum Filter kann mit Übergangsstücken dem Filterstutzen angepasst werden. Die Revisionsöffnung des Filters kann durch ein Kanalrohr mit 250 mm Nenndurchmesser (DN 250) bis zur Oberfläche verlängert werden, falls der Filter tiefer in der Erde liegen soll. Die Grube

21
Selbstreinigender Schachtfilter (Erdeinbau): Die aufgefangenen Schmutzteile werden vom Sieb mit etwas Wasser in den Kanal gespült, das gefilterte Wasser fließt zum Tank. Quelle: Graf

22
Der Filtertopf für den offenen Einlauf des Regenwassers muss regelmäßig gereinigt werden, weil alle Verschmutzungen auf dem Sieb liegen bleiben.

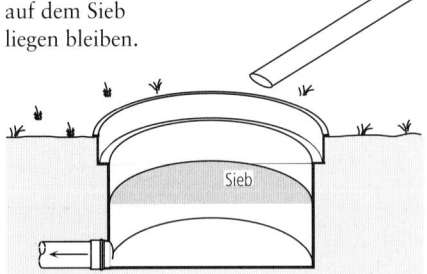

um den Wirbel-Feinfilter wird mit Sand aufgefüllt und eingeschlämmt. Der Filter sollte exakt senkrecht eingebaut sein, da sich bei leichten Schräglagen die Wasserausbeute sofort verringert.

Schachtfilter

Schachtfilter werden im Erdreich eingebaut. Das Regenwasser aus dem Fallrohr durchfließt im Schachtfilter ein Sieb mit einer Maschenweite von etwa 0,5 mm und wird dann zum Speicher geleitet. In einfacher Ausführung ist ein Schachtfilter für die Gartenbewässerung und als Vorfilter für die Versickerung geeignet. Selbstreinigende Schacht-filter säubern das Regenwasser gut genug, um es im Haus zu verwenden. Der Einbau des Schachtfilters erfolgt ähnlich wie der vorher beschriebene Einbau des Wirbel-Feinfilters.

Filterschacht

Der Filterschacht ist ein kleinerer Speicher, in dem sich das Regenwasser beruhigen soll, bevor es weiter in den Speicher fließt. Mitgeführte Schmutzteile (außer Schwebstoffen) setzen sich im Filterschacht ab, bevor das Regenwasser den Vorratsspeicher erreicht. Einzelne Hersteller empfehlen zur Vorfilterung, den Filterschacht mit Grobkies zu füllen, andere bieten Filterplatten aus Porenbeton an. Da solche Filterschächte nicht selbstreinigend sind, sollte möglichst anderen Lösungen der Vorzug gegeben werden.

Filterplatte

Bei Betonspeichern können Filterplatten aus Stahlbeton mit Filtereinsätzen aus Porenbeton benutzt werden, um das Regenwasser zu reinigen. Das Wasser läuft auf die horizontal liegende Filterplatte und tropft von der großen Fläche der Filtereinsätze relativ gut gefiltert in den Speicher. Überschüssiges Wasser fließt direkt über den in der Filterplatte montierten Ablauf zum Kanal. Wenn der Speicher überläuft, werden die angesammelten Schmutzteile mit dem Überschusswasser in den Ablauf gespült, der Filter wird dabei gereinigt. Die Filterplatte wird zwischen Schacht und konischem Dom des Betonspeichers montiert. Sie hat eine große Öffnung, durch die man den Speicher betreten kann. Da die Selbstreinigung vom Überlauf des Speichers abhängig ist, muss die Filterplatte von Zeit zu Zeit kontrolliert und gereinigt werden.

Feinfilter

Die Filter im Regenwasserzulauf können wegen ihrer relativ großen Maschenweite nur grobe Verunreinigungen zurückhalten. Für die meisten Zwecke reicht diese Reinigungsstufe aus, zwei Einschränkungen sind allerdings möglich:

- Die feinen Sedimente im Speicher gelangen mit dem Regenwasser in die Waschmaschine, wenn sie durch Wassereinlauf und -entnahme aufgewirbelt werden. Da das Magnetventil der Waschmaschine, das den Wasserzulauf freigibt, empfindlich gegenüber Verunreinigungen ist, kann es beschädigt und damit undicht werden.
- Durch die biologischen Umsetzungsvorgänge im Speicher können kleine

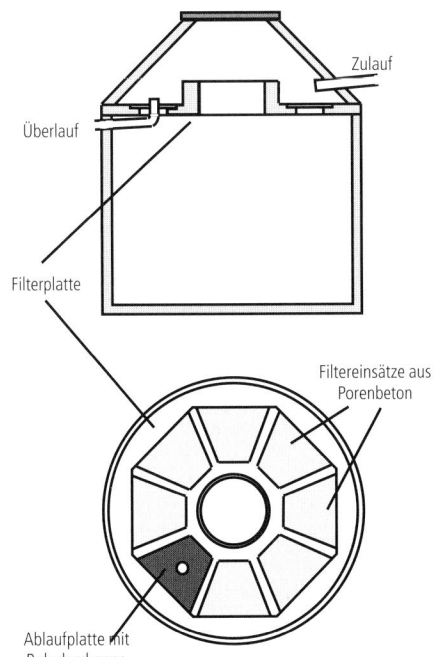

23
Schema eines Regenwasserspeichers aus Beton mit Filterplatte. Die Filtereinsätze aus Porenbeton können nach längerer Betriebszeit ausgewechselt werden.

Tabelle 8:
Eigenschaften von Regenwasserfiltern.

Eigenschaften von Regenwasserfiltern				
	Fallrohr-filter	Filter-schacht	Filter-platte	Wirbel-feinfilter
frostsicher		•	•	•
große Filter-leistung		•	•	•
leichter Einbau	•			
selbstreinigend	•	•		•
preisgünstig	•			

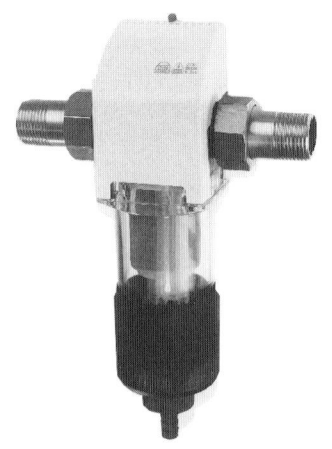

24
Feinfilter zum Einbau in die Druckleitung hinter der Pumpe.
Quelle: Graf

schwarze Partikel entstehen, von denen ein Teil nach dem letzten Spülgang in der Wäsche bleibt. Das ist zwar harmlos, aber vielleicht unangenehm.

Diese feinen Partikel können mit einem Feinfilter in der Druckleitung der Pumpe zurückgehalten werden. Solch ein Feinfilter hat eine Maschenweite von

100 µm, das ist 1/10 mm. Heute sind rückspülbare Feinfilter üblich. Durch das Rückspülen werden die im Filter abgesetzten Partikel entfernt, so dass der Filter wieder seine volle Reinigungskraft erreicht. Der Rückspülvorgang kann mit einem Hahn am Filter von Hand durchgeführt oder über ein Magnetventil mit Zeitschaltuhr automatisch gesteuert werden. Der Feinfilter sollte in kurzen Abständen gespült werden, bei einer Regenwasseranlage heißt das: alle 1 bis 2 Wochen. In der Nähe des Filters ist ein Wasserablauf für das Schmutzwasser erforderlich. Das Spülen unterbricht die Wasserversorgung nicht, es dauert nur wenige Sekunden.

Nicht rückspülbare Filter mit austauschbarem Filtereinsatz sind nicht empfehlenswert, da sie stark verkeimen und die Erfahrung gezeigt hat, dass der Filtereinsatz nur selten gewechselt wird. Feinfilter sind nicht generell nötig, sie sollten im Einzelfall eingebaut werden, wenn Probleme mit feinen Teilchen auftreten.

Entkeimen mit UV-Licht

Werden erhöhte Anforderungen an die Keimfreiheit gestellt, kann das gefilterte Regenwasser zusätzlich mit UV-Licht entkeimt werden. Dazu wird ein wasserdichter UV-Strahler (Ultra Clean) an einem etwa 3 m langen Niederspannungskabel in den Speichertank gelassen. Die unsichtbaren UV-Strahlen töten Viren und Bakterien in einem Umkreis von mehreren Metern im Speicher ab, ohne dass dabei schädliche Folgeprodukte wie bei chemischen Desinfektionsmitteln entstehen. Da die UV-Strahlung kaltes Licht ist, wird das Re-

25
UV-Leuchte zur Desinfektion.
Quelle: Ultra Clean

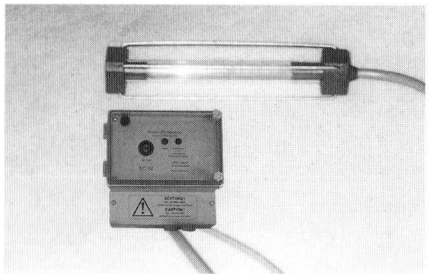

genwasser auch nicht erwärmt. Der Strahler arbeitet mit einer Spannung von 12 Volt und verbraucht 12 Watt. Er kann mit einem elektrischen Vorschaltgerät, das in einem spritzwassergeschützten Gehäuse eingebaut ist, an das normale Stromnetz angeschlossen werden oder direkt an einen Solarstromgenerator (PV-Modul), der elektrische Energie mit 12 Volt erzeugt. Da der Strahler mit Niederspannung arbeitet, besteht selbst bei Beschädigung des Kabels keine Gefahr durch den elektrischen Strom. Die UVc-Strahlung ist sehr wirkungsvoll, deshalb darf man nicht in den brennenden Strahler sehen oder die Haut dieser Strahlung aussetzen. Damit Verletzungen von Haut oder Augen vermieden werden, schaltet der Strahler außerhalb des Wassers nach 10 Sekunden selbstständig ab, z.B. für den Fall, dass der Wasserspiegel im Tank zu stark absinkt oder das Gerät in

Reduzierung der Keime im Wasser durch einen UV-Strahler

Wirkung des UV-Strahlers im Test (nach Herstellerangabe) Keimzahlen nach 3 Tagen im Wassertank:
unbehandelt   15000 Keime/ml
UV Ultra Clean   10 Keime/ml

In Trinkwasser sind max. 100 Keime/ml zulässig.

Betrieb aus dem Wasser gezogen wird. Die Lebensdauer solcher UV-Lampen beträgt etwa 17000 Betriebsstunden, das entspricht einer Nutzung von etwa 2 Jahren. Danach muss der Strahler ausgetauscht werden. Der Hersteller verspricht, den kompletten Strahler einschließlich Anschlusskabel zurückzunehmen und kostengünstig gegen einen neuen auszutauschen.

Rohrleitungen zum Speicher

Auf dem Weg vom Dach bis zum Speicher und weiter zum Sammelkanal kommen in einer Regenwasser-Sammelanlage verschiedene Rohrmaterialien zum Einsatz. Die Dachrinnen und die oberirdischen Fallrohre sind in der Regel aus Zinkblech (Titanzink) oder Kupfer, zum Teil auch aus PVC oder Stahlblech. Das Fallrohr mündet in ein in der Erde verlegtes Rohr aus Kunststoff oder Ton mit 100 mm oder 125 mm Nennweite. Als Material für Erdleitungen wird in der Regel KG-Rohr verwendet (rotbraunes Kanalrohr aus PVC), das auch für die Zuleitung zum Speicher zum Einsatz kommt. Verbin-

26
Einbau der Rohrleitung (KG-Rohre) vom Fallrohr zum Erdspeicher.   Quelle: Alko

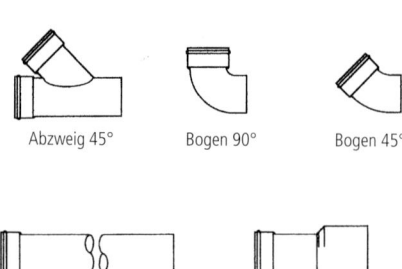

Abzweig 45°   Bogen 90°   Bogen 45°

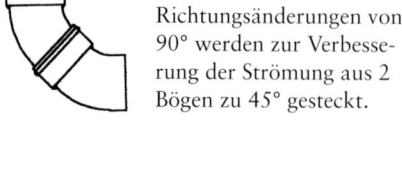

Rohr in den Längen   Rohrerweiterung
0,25, 0,5, 1, 2 und 5 m

27
Formstücke für Abwasser- und Regenwasserleitungen.

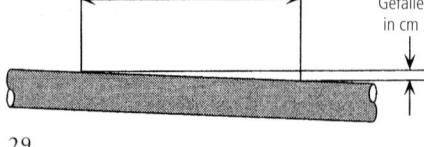

28
Richtungsänderungen von
90° werden zur Verbesse-
rung der Strömung aus 2
Bögen zu 45° gesteckt.

1 Meter

Gefälle
in cm

29
Das Gefälle von Abwasserleitungen wird
in cm auf 1 m Leitungslänge gemessen.

dungen mit anderen Rohren werden
mit Übergangsstücken hergestellt. Die
Rohre und Formstücke (Bogen, Ab-
zweige, etc.) haben auf einer Seite eine
Muffe mit eingebauter Dichtungslippe.
Die Muffen werden mit etwas Gleitmit-
tel (z.b. Schmierseife) ineinander gesteckt. Nach dem Zusammenstecken
werden sie etwa 1 cm auseinandergezo-
gen, dadurch ergibt sich ein Spielraum
für die Längendehnung der Rohre.

Beim Verlegen der Rohre sollten folgende Regeln eingehalten werden:

• Im Erdreich werden Leitungen in
  frostsicherer Tiefe, mindestens 80
  cm, verlegt.
• Der Mindestdurchmesser der Leitungen im Erdreich beträgt 100 mm.
• Die Leitungen innerhalb des Hauses
  sind – unabhängig vom Durchmesser
  – mit einem Gefälle von mindestens 1
  cm auf 1 m Rohr zu verlegen.
• Bei im Erdreich verlegten Rohren
  sollte folgendes Mindestgefälle eingehalten werden:
  1 cm auf 1 m Rohr bei DN 100,
  0,8 cm auf 1 m Rohr bei DN 125,
  0,7 cm auf 1 m Rohr bei DN 150.
• Das Gefälle soll nicht größer sein als
  5 cm auf 1m Rohr.
• Der Rohrquerschnitt darf in Fließrichtung nicht verengt werden.
• Werden zwei Rohrleitungen zusam-
  mengeführt, wird der Durchmesser
  auf die nächste Größe erweitert. Beispiel: 2 Rohre DN 100 werden zu-
  sammengeführt in einem Rohr DN
  125.
• Eine Richtungsänderung um 90°
  wird in liegenden Leitungen mit
  zwei Bogen mit 45° erzeugt, nicht
  mit einem Bogen mit 90°.
• Anschlüsse an liegende Leitungen
  werden mit Abzweigstücken mit 45°
  vorgenommen. Der Abzweig sollte
  möglichst nach oben zeigen, um
  Rückspülungen zu vermeiden, nicht
  zur Seite.
  Nach jeweils 20 m wird eine Reini-
  gungsöffnung eingebaut.

Innerhalb des Hauses werden HT-Rohre verwendet. Das sind mittelgraue
„Hoch-Temperatur-Kunststoffrohre" in

44

den gleichen Maßen wie die im Erdreich verwendeten KG-Rohre. Beide
Rohrarten können miteinander verbunden werden.

Für HT-Rohre kommen verschiedene
Kunststoffe zum Einsatz:
- „Gelbstrich Rohr" mit gelbem Auf-
druck besteht aus den Kunststoffen
ABS, ASA oder PVC und ist klebbar.
- „Rotstrich Rohr" mit rotem Auf-
druck besteht aus dem Kunststoff PP
und ist nicht klebbar.

Beide Rohrarten sind technisch gleich
gut verwendbar. PVC-Rohre belasten
aber die Umwelt bei der Herstellung
und im Brandfall stark.

HT-Rohr wird auch als Schutzrohr
für die Kabel verwendet, die vom Haus
zum Erdspeicher führen. Das Schutzrohr wird ebenfalls vom Haus aus mit
Gefälle verlegt, damit Kondenswasser
oder möglicherweise eingedrungenes
Wasser abgeleitet wird. Das Schutzrohr
sollte möglichst tief verlegt werden, damit es frostfrei bleibt, jedoch oberhalb
des höchstmöglichen Grundwasserstan-
des oder der möglichen Staunässe.

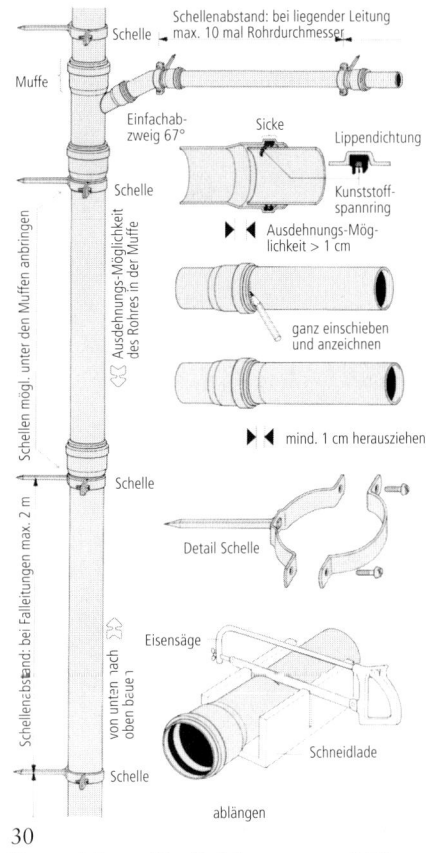

30
Kurzanleitung für die Montage von HT- und
KG-Rohren.   Quelle: Marley

Schutz des Hauses vor Feuchtigkeit

Rohrdurchführungen

Bei der Installation der Regenwasseranlage ist es in der Regel erforderlich,
eine oder mehrere Rohrleitungen durch
die Hauswand zu führen. An diesen
Stellen besteht die Gefahr, dass Feuchtigkeit in das Haus eindringt. Es reicht
nicht aus, die Rohre in Zementmörtel
einzubetten, da sich durch Bewegungen
der Rohre Risse bilden, durch die Was-

ser aus dem Erdreich einsickern kann.
Andere Behelfslösungen, wie das Aus-
schäumen des Mauerdurchbruchs mit
Montageschaum, sind ebenfalls weder
fachgerecht noch empfehlenswert.

Die einzig gute Lösung ist der Einbau einer sogenannten Hauseinführung: Ein Schutzrohr mit Gummidich-
tungen, das den Durchbruch gegen
Erdfeuchte und drückendes Wasser aus

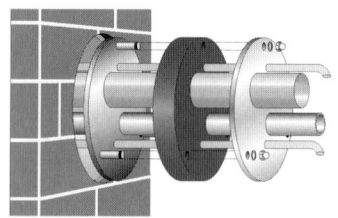

31
Mauerdurchführung für Nachspeiseleitung, 1 1/4" Saugschlauch sowie Pumpen- und Schwimmerschalterkabel.   Quelle: Graf

dem Erdreich abdichtet. Hauseinführungen sind für alle üblichen Rohrdurchmesser und -werkstoffe sowie für Kabel im Baustoff- und im Sanitärhandel erhältlich. Es ist auch möglich, mehrere Kabel und Rohre durch eine Hauseinführung mit entsprechenden Dichtungen zu führen.

Schwitzwasser

Vor allem im Sommer kann die Feuchtigkeit der Luft an der Regenwasseranlage kondensieren. Das Schwitzwasser entsteht besonders bei feuchtwarmer Witterung an Rohren, an der Pumpe und am Kellerspeicher. Unter Umständen sammelt sich dadurch so viel Wasser im Keller an, dass man befürchten könnte, die Anlage sei undicht. Um die Entstehung von Schwitzwasser zu vermeiden, müssen möglichst alle Anlagenteile mit Wärmedämmmaterial isoliert werden. Während es für Rohre passendes Dämmmaterial gibt, ist die Dämmung anderer Anlageteile unter Umständen schwierig: An Speicher und Pumpe lässt sich Schwitzwasser kaum vermeiden. Wenn an feuchtwarmen Tagen Schwitzwasser am Speicher herunterläuft und kleine Pfützen auf dem Boden entstehen, hilft auch das Lüften der Kellerräume nicht, denn je mehr warme Luft in den Keller gelangt, desto mehr Schwitzwasser bildet sich. Erst bei kühlem oder trockenem Wetter kann das Schwitzwasser durch Lüften wieder entfernt werden.

Möglichkeiten, Regenwasser zu speichern

Es gibt verschiede Methoden Regenwasser zu speichern, die sich schon seit langem bewährt haben. In älteren Wohngebieten findet man gemauerte Zisternen mit Volumina von 2 bis 3 m³, aber auch welche mit über 100 m³. Zisternen wurden früher und werden noch heute vielfach aus Betonschachtringen gebaut oder aus Ziegelsteinen gemauert. In den letzten Jahren hat das Angebot industriell gefertigter Regenwasserspeicher enorm zugenommen.

Häufig sind das Weiterentwicklungen anderer Produkte, z.B. von Öltanks aus Beton, Kunststoff oder Stahl. Eigens für Regenwasser entwickelte Kunststoffbehälter zeichnen sich durch geringes Gewicht und Baumaße aus, die für Kellertanks geeignet sind.

Für die Eignung der verschiedenen Speicherarten sind vor allem die örtlichen Gegebenheiten entscheidend. Ihre Vor- und Nachteile werden im Folgenden beschrieben.

Gemauerte Zisterne

Eine alte, gemauerte Zisterne, die vielleicht seit Jahren nicht genutzt wurde, kann unter Umständen wieder in Betrieb genommen werden. Um Wasserverluste zu verhindern, muss jedoch die Wasserdichtheit vorher überprüft werden. Sofern die Zisterne noch Wasser enthält, wird dies abgepumpt und der Boden und die Wände von Ablagerungen gereinigt. Risse und andere Schäden im Mauerwerk und im Putz werden mit Zementmörtel ausgebessert. Die Dichtheit kann mit einem inneren Anstrich mit Dichtschlämme verbessert werden. Eine noch bessere Gewähr für Dichtheit bietet das Auskleiden mit einer auf Maß gefertigten Kunststofffolie. Bitumenhaltige Anstriche dürfen nicht verwendet werden, da sie Stoffe an das Wasser abgeben können, die dessen Qualität beeinträchtigen. Bei der Arbeit am Mauerwerk der Zisterne werden auch die benötigten Zu- und Abläufe und die Kabeleinführungen überprüft beziehungsweise eingebaut und abgedichtet.

In die Zisterne soll kein Wasser aus dem umliegenden Erdreich oder von der Erdoberfläche eindringen können, da dieses Wasser unter Umständen verunreinigt ist und eine schlechtere Qualität als das Dachablaufwasser hat.

Verwendung alter Klärgruben

Eine stillgelegte Klärgrube eignet sich nach gründlicher Reinigung ebenfalls zum Speichern des Regenwassers. Die Grube wird dazu ausgepumpt und ihre Wände werden gründlich mit einem Hochdruckstrahler von Ablagerungen und losem Mörtel gereinigt. Ebenso wie bei der alten Zisterne bessert man den Putz und das Mauerwerk aus und dichtet bei Bedarf von innen ab.

Dreikammer-Klärgruben sind ebenfalls gut geeignet: Die erste Kammer wird als Einlaufzone genutzt, die zweite als Absetzzone für Verunreinigungen und aus der dritten Kammer kann das Regenwasser entnommen werden.

Verwendung vorhandener Öltanks

Bei Häusern, in denen die Heizungen von Öl auf Gas umgestellt werden, bleiben oft leere Öltanks zurück. Grundsätzlich ist es möglich, diese Tanks zum Speichern des Regenwassers zu nutzen. Voraussetzung ist eine sehr gründliche Reinigung des Tanks, die am besten von einem Fachbetrieb durchgeführt werden sollte. Aber auch nach der Reinigung verbleiben Reste des Heizöls in feinen Rissen oder sind an die im Tank verarbeiteten Kunststoffe gebunden. Wird der Tank dann als Regenwasserspeicher genutzt, nimmt das Wasser diese Bestandteile auf. Im günstigsten Fall riecht es dann über lange Zeit leicht nach Heizöl, unter Umständen schwimmt sogar ein leichter Ölfilm auf der Wasseroberfläche.

Bei Erdtanks und kellergeschweißten Tanks können Tankbaufirmen eine Innenbeschichtung aus Kunststoff oder eine Kunststofffolie einbringen. Die Nutzung solcher Tanks als Regenwasserspeicher ist anschließend ohne Einschränkungen möglich, sofern auch am Revisionsschacht und an den neu zu verlegenden Rohranschlüssen sorgfältig gearbeitet wurde.

Kunststofftanks im Keller (Batterie-tanks) können nach einer gründlichen Reinigung durch Tankbaufirmen ebenfalls für Regenwasser genutzt werden. Es hat sich gezeigt, dass das Wasser aus diesen Tanks trotz dieser Reinigung leicht nach Öl riechen kann. Die Nutzung ist deshalb nur für die Toilette empfehlenswert und nicht für das Waschen der Wäsche oder das Bewässern des Rasens.

Die Kosten für die Reinigung der Tanks und die Stilllegung, das ist die Abmeldung als Öltank bei der jeweils zuständigen Umweltbehörde, betragen je nach Tank ein- bis mehrere tausend Mark. Da ein stillgelegter Öltank aber auf jeden Fall gereinigt werden muss, ist die Nutzung eines alten Öltanks durchweg kostengünstiger als der Einbau eines neuen Regenwasserspeichers.

Betonzisternen

Betonzisternen sind in der Regel aus vorgefertigten Schacht- oder Brunnenringen aufgebaut. Diese Betonringe werden in verschiedenen Größen hergestellt, mit Innendurchmessern von 800 bis 2500 mm. Als obersten Ring verwendet man einen konischen Schachthals, der den Durchmesser der Zisterne so verringert, dass sie mit einer verhältnismäßig kleinen Abdeckung verschlossen werden kann. Der Auflagering dieser Abdeckung gleicht die Höhenunterschiede vom Schachthals bis zur Erdoberfläche aus, es gibt ihn deshalb in diversen Dicken.

Die Zisterne steht üblicherweise eben auf einem verdichteten Sandbett oder einem Betonfundament aus Magerbeton B15 mit 15 cm Dicke. Der untere Ring der Zisterne sollte ein Schachtring mit Boden sein, da eine aus Beton selbst gegossenen Bodenplatte durch Risse zwischen Platte und Schachtring undicht werden kann. Die Fugen zwischen den Ringen können mit Zementmörtel (MG III) mit Dichtmittelzusatz abgedichtet werden. Üblich ist auch die Verwendung von Montageschaum aus der Sprühdose. Einige Hersteller empfehlen zum Abdichten

Abdeckplatte
Auflagering
Schachthals

600 mm

500 mm

32
Speicher aus
Betonschacht-
ringen.

Daten von Zisternen aus Betonringen				
Zisternen-Typ	1	2	3	4
Innen Ø cm	180	220	220	220
Nutzinhalt m³	3,2	4,8	6,7	7,6
Zulauftiefe cm	40	40	40	40
Einbautiefe cm	170	175	225	250
Gesamttiefe cm	210	215	265	290
Ablauf cm	88	88	88	88
Fundament Ø cm	250	300	300	300
Masse m. Boden t	3,00	3,50	4,30	4,70
Schwerstes Teil t	2,20	2,66	2,27	2,27

Tabelle 9:
Daten von Zisternen aus Betonringen.

ein Einlegeband (TOK-Band), vor dessen Verwendung die Fugen mit Haftgrund gestrichen werden müssen. Bei Verwendung eines Einlegebandes können keine Risse zwischen den Ringen entstehen, die Verbindungen der Ringe bleiben elastischer als beim Abdichten der Fugen mit Zementmörtel. Wie bei gemauerten Zisternen soll die Dichtheit der Schachtringzisternen ebenfalls von Zeit zu Zeit überprüft werden, um den Austritt und das Eindringen von Wasser zu verhindern.

Ist die Betonzisterne gefüllt, fließt das überschüssige Regenwasser meist direkt in den Kanal. Für die Erhaltung des Grundwasserspiegels wäre es besser, das ablaufende Wasser zu versickern. Vorschläge zur Versickerung sind im letzten Kapitel dieses Buches aufgeführt. Das Überschusswasser kann aber auch in der Umgebung der Zistene versickert werden und dadurch das Grundwasser anreichern. In diesem Fall werden ein oder zwei Schachtringe mit Sickerlöchern als oberste Zisternenringe eingebaut. Die Zisterne wird außerdem mit einer Kiesschicht ummantelt, die mindestens 50 cm dick sein sollte. Das durch die Sickerlöcher austretende Wasser kann sich im Kies verteilen und versickert dadurch großflächig im Erdreich. Diese Lösung ist zwar günstig für die Erhaltung des Grundwasserspiegels, von Nachteil ist jedoch das geringere Speichervolumen der Zisterne bei gleicher Schachttiefe: Der Wasserspiegel in der Zisterne bleibt ja unterhalb der Sickerlöcher.

Eine Schachtringzisterne mit 1,5 m Durchmesser kann je 1 m Tiefe knapp 1,8 m^3 Regenwasser speichern. Bei 3 m Tiefe stehen über 5 m^3 Volumen zur

33
Einsetzen eines Betonspeichers mit dem LKW-Ladekran.
Quelle: Rhebau

34
Der konische Schachthals wird aufgesetzt.
Quelle: Rhebau

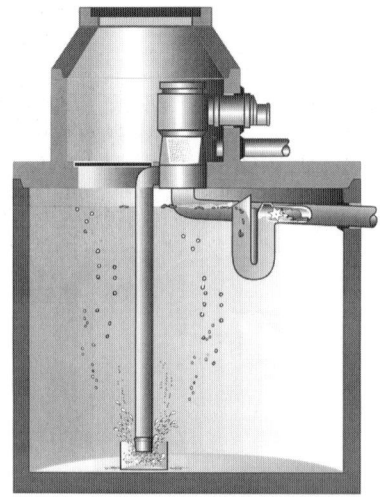

35
Betonzisterne mit Wirbelfeinfilter im Domschacht.   Quelle: Aris

---

Eigenschaften von Regenwasserspeichern

Kunststoffspeicher

+ leichter Transport beim Einbau
+ leicht zu bearbeiten (z.b. nachträgliches
  Herstellen von Anschlüssen)
+ keine gegenseitige Beeinflussung von
  Wasserqualität und Speicherwerkstoff
– als Erdtank nicht überfahrbar

Betonspeicher

+ überfahrbar
+ weitgehend auftriebssicher
+ eventuell leichte Neutralisierung des sauren
  Wassers durch Beton
– Einbau nur mit Kran möglich

Stahltank

+ überfahrbar
– Einbau nur mit Kran möglich
– Korrosionsgefahr bei Beschädigung der
  Innen- oder Außenbeschichtung

+ Vorteil   – Nachteil

Tabelle 10:
Eigenschaften verschiedener Regenwasserspeicher.

Verfügung. Benötigt man ein größeres
Speichervolumen, sollte die Zisterne
nicht tiefer, sondern breiter gebaut
werden. Bei 2 m Durchmesser hat man
je 1 m Tiefe immerhin einen nutzbaren
Speicherraum von 3,1 m^3.

Betonzisternen werden auch als mo-
nolithische Zisternen geliefert. Das bedeutet, dass die Zisterne fugenlos aus
einem Stück gefertigt ist. Das konische
Aufbauteil wird jedoch vor Ort aufgesetzt und die Fuge zwischen den beiden
Bauteilen mit Zementmörtel abgedichtet. Solche Zisternen müssen zwar aufgrund ihres hohen Gewichts mit einem
Kran eingebaut werden, sie haben dafür aber nur wenige Fugen, die undicht
werden können.

Die Zisternen können im Baustoff-
handel oder bei Anbietern von kompletten Regenwasseranlagen gekauft
werden. Das Aufstellen der Zisterne
mit dem Ladekran des liefernden LKW
wird häufig mit angeboten. Vom Bauherren ist noch der Aushub, der Anschluss der Leitungen und das Verfüllen
zu übernehmen. Ausführung und Preise
der Zisternen sind je nach Aufstellungs-
ort und Hersteller unterschiedlich. Die
Hersteller liefern Betonzisternen oft-
mals nur bis in eine begrenzte Entfernung von ihrem Werk, da die Trans-
portkosten bei großen Entfernungen
den Preis der Speicher unangemessen
erhöhen würden.

Speicher aus Kunststoff

Die meisten Kunststoffspeicher werden
aus dem Werkstoff Polyethylen (PE)
hergestellt und in unterschiedlichen
Bauformen angeboten: als Erdspeicher

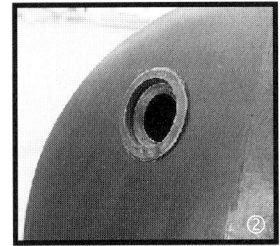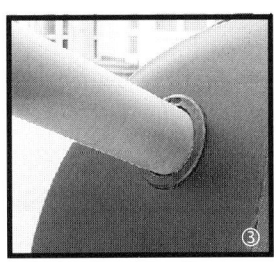

36
Einbau eines KG-Rohrs in den Kunststofftank.
① Mit einem Kronenbohrer wird ein Loch in den Kunststoffspeicher gebohrt.
② Eine Spezial-Lippendichtung wird eingedrückt.
③ Das eingefettete KG-Rohr wird durch die Dichtung in den Tank eingeschoben.
Quelle: Graf

oder für den Einbau in Keller- oder andere Räume.

Erdspeicher aus Kunststoff

Kunststofftanks sind leichter als Betonspeicher und können deshalb ohne Kran mit mehreren Helfern bewegt werden. Außerdem lassen sich Rohranschlüsse nachträglich relativ einfach in Kunststofftanks einbauen, beispielsweise für einen weiteren Zulauf: An der gewünschten Stelle in der Behälterwandung kann eine Öffnung gebohrt (Kronenbohrer) oder gesägt (Stichsäge) werden. Hier wird dann ein HT- oder KG-Rohr mit einer Verschraubung angeschlossen. Kunststoffspeicher haben jedoch eine geringere Festigkeit als Betonspeicher, darauf muss beim Einbau Rücksicht genommen werden. Für den Betrieb in einer Regenwasseranlage sind beide Speicherwerkstoffe gleich gut geeignet.

Für den Einbau wird eine Grube ausgehoben, die so groß ist, dass rings um den später aufgestellten Tank etwa 50 cm breit Platz bleibt, der mit Sand aufgefüllt wird. Die Grube muss ausreichend tief sein, dass der Tank mit wenigstens 80 cm Erde überdeckt werden kann, damit das Wasser im Winter nicht gefriert. Am Boden der Grube wird eine 15 cm dicke Schicht Kies (Körnung 9/15) eingebracht. Der Kies wird waagerecht abgezogen und gleichmäßig verdichtet, damit der Speicher beim Befüllen nicht absackt. Danach können der Speicher aufgestellt und die Zu- und Ablaufrohre sowie die Kabel für den Füllstandsmelder und für den eventuell eingebauten Trockenlaufschutz angeschlossen werden.

Jetzt wird der Speicher zu einem Drittel mit Wasser gefüllt. Die Grube wird bis zur Höhe des Wasserstandes mit Sand aufgefüllt, der dabei gleichmäßig verdichtet wird. In Schritten von etwa 30 cm werden nun abwechselnd der Speicher mit Wasser und die Grube mit Sand gefüllt, bis der Speicher von allen Seiten gleichmäßig eingebettet ist. Auf dem Speicher wird ein Domschacht

montiert, der den Zugang zum Tank z.B. für Revisionsarbeiten erleichtert. Eventuell erforderliche Leitungen können am Domschacht noch angeschlossen werden. Nun wird die Grube vollständig aufgefüllt, der Einbau des Speichers ist damit beendet.

Die Fläche über einem Kunststoffspeicher ist begehbar, in der Regel aber nicht befahrbar. Soll der Weg über dem Speicher befahrbar sein, muss eine Betonbewehrung um den Kunststofftank eingebaut werden, die große Lasten aufnehmen kann. Der Speicher selbst darf nicht belastet werden, damit er sich nicht verformt und dadurch beschädigt wird.

Liegt die Standfläche des Speichers unterhalb des Grundwasserspiegels, kann der Auftrieb des leeren Speichers so stark sein, dass er aus der verfüllten Grube herausgedrückt wird. Zur Sicherung gegen den Auftrieb gibt es mehrere Möglichkeiten:

• Der Speicher wird mit einer Schicht aus Magerbeton umbaut, die ihn beschwert.

37
Für den Einbau des Speichers wird eine waagerechte Bodenplatte vorbereitet.
Quelle: Alko

38
Den verhältnismäßig leichten Kunststoffspeicher können mehrere Helfer in die Grube heben.   Quelle: Alko

39
Um den Speicher wird lagenweise Sand in die Grube gefüllt und eingeschlämmt.
Quelle: Alko

40
Auch große Kunststoffspeicher (hier 5500 l) können noch von Hand bewegt werden.

41
Der Speicher wird an Seilen in die Grube abgelassen.

42
Am Revisionsschacht müssen noch Durchgänge für die Rohrleitungen ausgesägt werden.

43
Der Revisionsschacht wird auf den Einstiegsdom aufgesetzt.

44
Der Wirbelfeinfilter wird direkt vor dem Zulauf waagerecht montiert und an den Speicher angeschlossen. Die Regenwasserzuleitung und eine Ableitung in den Kanal werden mit dem Filter verbunden.

45
Zu- und Ableitungen sind an den Speicher angeschlossen, die Grube kann jetzt verfüllt werden.
Quelle für alle Bilder dieser Seite: Rewatec

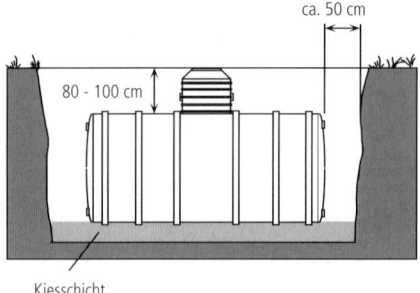

46
Einbau des Erdspeichers auf einer Kiesschicht.

47
Sichern des Speichers gegen Auftrieb mittels Drainage. Eine Tauchpumpe befördert das aus der Drainage abfließende Wasser direkt in den Speicher.

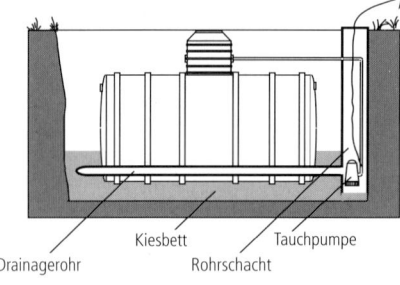

Tabelle 11:
Hinterfüllmaterial für den Einbau von Erdspeichern.

Füllmaterial für den Erdspeicher-Einbau
Gut geeignet sind:
• Flusssand
• Kiessand
• Betonkies 4 bis 16 mm
Geeignet sind:
• grober Grabesand (erdfeucht)
• reine Muttererde ohne spitze Steine
Nicht geeignet sind:
• Lehm
• Feinsand
• Torf
• Bauschutt
• Kies mit vielen Feinanteilen

• Der Speicher wird im unteren Drittel mit Kies ummantelt. In diesem Kiesbett liegt rings um den Tank ein Drainagerohr, das in ein senkrecht eingebautes KG-Rohr mit DN 300 (oder größer) endet. Dieses Rohr dient als Sammelschacht für das Grundwasser. Mit einer im Rohr eingebauten Tauchpumpe mit Schwimmerschalter wird das Wasser abgepumpt und gegebenenfalls direkt über den Domschacht in den Speicher geleitet. Wegen des großen Energieaufwands für den dauernden Betrieb der Pumpe ist diese Lösung nur empfehlenswert, falls kein – schwer zu entfernender – Beton im Garten vergraben werden soll.

Einige Hersteller verwenden zum Bau von Erdspeichern Polyesterharz, in das Glasfasern eingebettet sind. Dieser glasfaserverstärkte Kunststoff (GFK) ist neutral und lebensmittelecht. Die Behälter aus GFK sind stabil und werden weder vom Regenwasser noch von Stoffen aus dem Boden angegriffen. Die Speichertanks sind aufgrund ihrer geringen Wandstärke leicht und können beim Einbau ohne Kran bewegt werden. Sie wiegen je nach Größe und Ausführung etwa 100 kg bei 3 m³ Volumen, 160 kg bei 5 m³ oder 240 kg bei 8 m³. Mehrere einzelne Tanks können mit einem Schlauch zu einer Speicherbatterie mit großem Volumen verbunden werden.

GFK-Speicher werden in Kugelform gebaut. Diese Bauform hat bei einem bestimmten Volumen die kleinste mögliche Oberfläche, wodurch Kugeltanks bei großer Stabilität relativ leicht sein können. In der Standardausführung ist

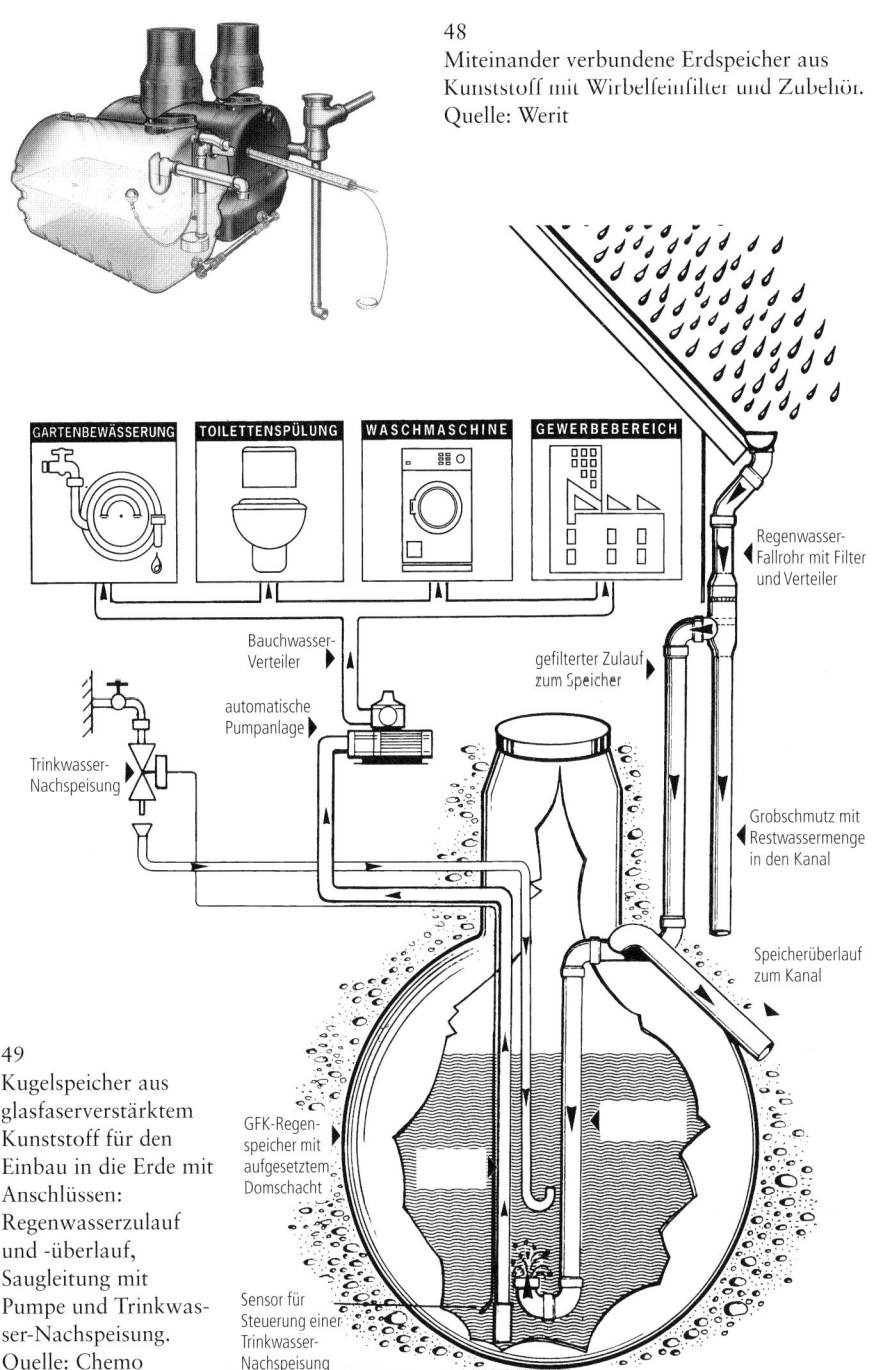

48
Miteinander verbundene Erdspeicher aus
Kunststoff mit Wirbelfeinfilter und Zubehör.
Quelle: Werit

GARTENBEWÄSSERUNG   TOILETTENSPÜLUNG   WASCHMASCHINE   GEWERBEBEREICH

Regenwasser-
Fallrohr mit Filter
und Verteiler

Bauchwasser-
Verteiler

gefilterter Zulauf
zum Speicher

automatische
Pumpanlage

Trinkwasser-
Nachspeisung

Grobschmutz mit
Restwassermenge
in den Kanal

Speicherüberlauf
zum Kanal

49
Kugelspeicher aus
glasfaserverstärktem
Kunststoff für den
Einbau in die Erde mit
Anschlüssen:
Regenwasserzulauf
und -überlauf,
Saugleitung mit
Pumpe und Trinkwas-
ser-Nachspeisung.
Quelle: Chemo

GFK-Regen-
speicher mit
aufgesetztem
Domschacht

Sensor für
Steuerung einer
Trinkwasser-
Nachspeisung

55

ein GFK-Speicher für den Einbau unter begehbaren Flächen geeignet. Soll der Speicher überfahrbar sein, muss eine verstärkte Tankausführung gewählt werden.

Tabelle 12:
Aufstellungsorte für Regenwasserspeicher.

50
Kellerspeicher aus Kunststoff (Batteriespeicher) mit Verbindungsleitungen und Zubehör.   Quelle: Werit

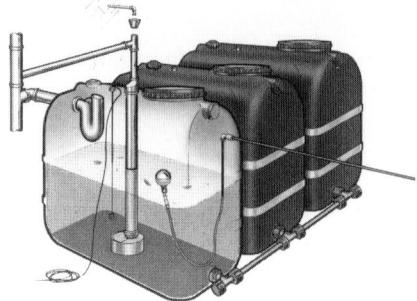

Die fehlende Auftriebsicherheit ist ein Nachteil auch dieses leichten Speichertyps. Es ist deshalb zu empfehlen, den Speicher mit einer Kiesschicht von 800 mm Stärke abzudecken. Die für eine Regenwasseranlage erforderlichen Anschlüsse sind vorbereitet. Am Domschacht, der ebenfalls aus GFK hergestellt wird, sind ebene Flächen zum nachträglichen Einbau einer Leitung vorhanden. Der Tankhersteller liefert in der Regel auch das zum Aufbau der Anlage notwendige Zubehör. Beim Einbau wird ein GFK-Speicher ebenso wie der PE-Speicher nach und nach mit Wasser gefüllt und gleichzeitig schichtweise mit Sand hinterfüllt. Der Sand jeder Schicht wird verdichtet oder eingeschwemmt.

Aufstellen des Speichers im Keller

Das Aufstellen eines Speichers im Keller ist erheblich einfacher als der Einbau eines Erdtanks. Man muss weder eine Grube und Gräben für die Rohrleitungen ausheben, noch den Tank gegen Auftrieb sichern. Zudem sind die Rohrleitungen bei Kellertanks in der Regel kürzer. Auch die Wartung der Anlage ist im Keller leichter, da alle Anlagenteile besser zugänglichen sind. Nachteilig sind der Platzbedarf im Haus sowie die potentielle Überschwemmungsgefahr bei Rückstau im Entwässerungskanal.

Das Volumen von Kellertanks ist in der Praxis durch die Zugänge zum Keller und Raumangebot im Keller beschränkt, wenngleich durch Verbindung einzelner Tanks auch große Speichervolumina realisiert werden können. Viele Kellertanks sind Weiterentwicklungen von Öltanks gleicher Bauart. Sie werden aus Polyethylen gefertigt und dunkel eingefärbt, um das Regenwasser vor Licht zu schützen. Für Zu- und Ablaufrohre sind Durchführungen an den Speichern ebenso vorgesehen wie für Steuerungs- und Überwachungskabel. Ein „Mannloch", eine große, mit einem Deckel verschlossene Öffnung, ermöglicht das Reinigen des Speichers von innen. Werden weitere Anschlüsse benötigt, können Öffnungen in den Speicher gesägt und zusätzliche Verschraubungen zum Einführen von Rohren und Leitungen montiert werden.

In der Regel bieten die Hersteller von Regenwassertanks auch das für den Aufbau der Anlage benötigte Zubehör an, das sie häufig von anderen Firmen zukaufen. Man kann seine Anlage aber auch mit dem Zubehör von Fremdherstellern ausrüsten. Die gesamte Technik ist einfach und überschaubar, so dass die Regenwasseranlage nach den eigenen Wünschen geplant und aufgebaut werden kann. Dies gilt auch für die vorher beschriebenen Erdspeicher.

Ein Kellerspeicher benötigt kein besonderes Fundament, ein fester und ebener Boden genügt als Aufstellplatz. Die Tanks haben eine Breite von 720 bis 780 mm, dadurch passen sie durch die meisten Türöffnungen. Ein Speicher hat bei einem Volumen von 1000 l ein Gewicht von nur 30 kg. Mehrere Speicher können zur Vergrößerung des Volumens nebeneinander aufgestellt werden, Speicher mit quadratischer Grundfläche können in fast beliebigen Anord-

51
Modulare Kellertanks lassen sich in fast beliebiger Anzahl und Anordnung aufstellen, um den vorhandenen Platz gut zu nutzen.   Quelle: Schütz

nungen miteinander kombiniert werden, so dass sich auch in engen Kellerräumen ein Platz finden lässt.

Da der Speicher immer wieder entleert und befüllt wird, muss er zu den Wänden und weiteren Speichern einige Zentimeter Platz zur Ausdehnung haben. Die Montage eines oder mehrerer Speicher ist einfach, da es einbaufertiges Zubehör für die Anschlüsse gibt. Bei der Verbindung mehrerer Speicher zu Batterietanks werden die Ablauföffnungen an der Sohle der Speicher durch eine mitgelieferte Leitung verbunden.

Einleiten des Regenwassers in den Speicher

Die Fallrohre werden so in den Speicher geleitet, dass

• keine Plätschergeräusche entstehen,
• Sauerstoff in tiefere Schichten getragen wird und

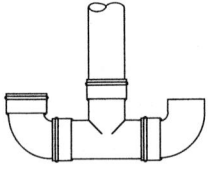 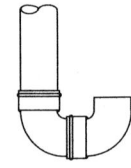

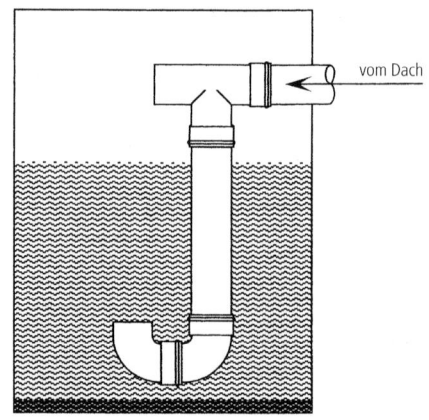

52
Das Einlaufrohr wird mit T-Stück und
Winkeln so gestaltet, dass die Bodenschicht
im Speicher durch einlaufendes Wasser
nicht aufgewirbelt wird.

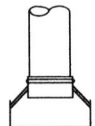

53
Als Einlaufberuhigung kann
auch ein fertig erhältlicher
Einlauftopf am Rohrende
angebracht werden.

54
Einlauf in den Speicher mit T-Stück zum
Ausspülen von Schwimmstoffen im
Füllrohr.

- die Ablagerungen am Boden des
  Speichers nicht aufgewirbelt werden.

Um das zu erreichen, wird das Zulaufrohr bis in die Mitte oder das untere
Drittel des Speichers geführt und der
Auslauf des Rohres mit einem Winkel
ausgestattet oder ein sogenannter Einlauftopf verwendet. Beispiele dafür zeigen die Abbildungen 52 bis 54. Zwischen dem waagerechten und dem
senkrechten Teil des Zulaufrohres kann
ein T-Stück eingebaut werden, damit
Schwimmstoffe im Rohr von Zeit zu
Zeit ausgespült werden können.

Pumpen

Welche Pumpe ist geeignet?

Die Pumpe ist das Herz der Regenwas-
seranlage. Sie sorgt dafür, dass das
Wasser ständig mit ausreichendem
Druck an den Zapfstellen zur Verfü-

gung steht. Mehrere Bauarten von
Pumpen sind gebräuchlich:

- selbstansaugende Kreiselpumpen,
- nicht selbstansaugende Kreiselpumpen,
- Tauchpumpen (Unterwasserpumpen), auch das sind Kreiselpumpen,
- sowie Kolbenpumpen, die heute selten eingesetzt werden.

Für eine Regenwasseranlage eignen sich
Saugpumpen ebenso wie Tauchpumpen. Die Saugpumpe kann unabhängig
vom Speicher aufgestellt werden, in einem anderen Raum oder sogar einem
anderen Gebäude. Die Entfernung der
Pumpe von Speicher ist allerdings
durch die Saugleistung begrenzt.
Druckseitig kann sie das Wasser dagegen über größere Entfernungen und in
große Höhen pumpen: Übliche Förderhöhen von Kreiselpumpen liegen bei 40
bis 60 m und die Fördermengen bei
3000 bis 5000 l/h. Je größer aber die

Art und Ort des Speichers	Pumpenbauart	Vorteile
Kellerspeicher Pumpe auf dem Kellerboden	nicht selbstsaugende Kreiselpumpe (selbstansaugend ebenfalls mögl.)	• guter Wirkungsgrad • geringe Geräuschentwicklung
Kellerspeicher Pumpe an der Wand o. oberhalb des Speichers	selbstansaugende Kreiselpumpe erforderlich	freie Wahl des Aufstellungsortes
Kellerspeicher	Tauchpumpe im Speicher	geringe Geräuschentwicklung
Erdspeicher	selbstansaugende Kreiselpumpe im Haus	Pumpe leicht zugänglich
Erdspeicher	selbstansaugende Kreiselpumpe im Pumpenschacht außerhalb	keine Geräuschentwicklung im Haus
Erdspeicher	Tauchpumpe im Speicher	keine Geräuschentwickl. i. Haus

Tabelle 13:
Aufstellungsorte und Eignung verschiedener Pumpen.

Förderhöhe ist, desto geringer wird die sich einstellende Fördermenge. Das Pumpendiagramm (vgl. Abbildung 56), das jeder Pumpe beiliegt, zeigt das Verhältnis zwischen Förderhöhe und -menge bei einer Pumpe. Grundsätzlich gilt: Eine Saugpumpe liefert eine kleinere Menge Wasser mit hohem Druck, eine Tauchpumpe dagegen liefert eine größere Menge bei niedrigerem Druck.

Montageregeln für die Saugpumpe:

• Die Pumpe muss an einer frostsicheren Stelle eingebaut werden.
• Sie muss gegen Trockenlaufen geschützt werden.
• Flexible Schlauchverbindungen zwischen Pumpe und Rohrleitungen vermeiden die Übertragung der Pumpengeräusche und schützen die Pumpe.
• Die Pumpe sollte auf Gummischwingfüßen montiert werden, um

55
Selbstansaugende Kreiselpumpe.
Quelle: Grundfos

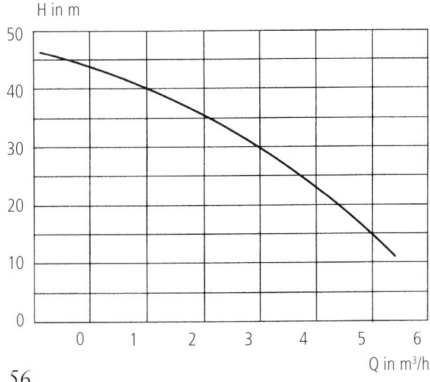

56
Pumpendiagramm einer selbstansaugenden Kreiselpumpe mit 840 W Leistung. Je größer die Förderhöhe ist, desto weniger Wasser kann gefördert werden.

57
Kreiselpumpen mit Membranausdehnungsgefäß zur Drucksteuerung waren bis vor wenigen Jahren weit verbreitet; Membranausdehnungsgefäße sollen jedoch aus hygienischen Gründen nicht mehr eingesetzt werden.   Quelle: Speck

Grundsätzliche Einschränkungen für die Nutzung von Saugpumpen

• Der Höhenunterschied zwischen der Pumpe und dem tiefsten Wasserstand im Speicher darf nicht größer als etwa 7 m sein.
• Die Rohrleitung vom Speicher zur Pumpe (Ansauglänge) soll möglichst kurz und nicht länger als 18 m sein.

die Übertragung der Vibrationsgeräusche auf Boden oder Wände zu vermeiden.
• Die Saugleitung muss vom Speicher zur Pumpe hin ansteigen.
• Ein Rückflussverhinderer in der Saugleitung verkürzt die Ansaugzeiten.
• Vor der ersten Nutzung müssen Pumpe und Saugleitung mit Wasser gefüllt werden.
• Der Speicher sollte gefüllt sein, bevor das Ende der Saugleitung in das Wasser getaucht wird.

Die Saugpumpen haben an der Saugseite und an der Druckseite den in der Installationstechnik üblichen Gewindeanschluß von 1" oder 1¼" Rohrgewinde. Tauchpumpen haben als Zulauf ein Sieb und druckseitig einen 1¼" Gewindeanschluss. An die Gewindeanschlüsse der Pumpen können mit Verschraubungen alle gängigen Rohre und Schläuche angeschlossen werden. Die Verschraubung wird dabei mit Hanf und Kitt oder mit Teflonband eingedichtet. Wer

Begriffe aus der Pumpentechnik

Normalansaugende Pumpe (nicht selbstansaugend): Saugleitung und Pumpengehäuse müssen mit Wasser gefüllt sein, damit die Pumpe fördern kann. Sie wird tiefer als der Wasserspiegel des Speichers aufgestellt, beispielsweise auf dem Kellerboden. Ihr Wirkungsgrad ist größer und sie erzeugt weniger Geräusche als eine selbstansaugende Pumpe.

Selbstansaugende Pumpe: Erzeugt auch Unterdruck, um das Wasser durch eine luftgefüllte Leitung anzusaugen. Die Pumpe kann ohne Bedenken einige

Meter oberhalb des Speichers montiert werden.

Einstufige Kreiselpumpe: Fördert das Wasser mit einem Laufrad.

Mehrstufige Kreiselpumpe: Hat mehrere hintereinander geschaltete Laufräder, dadurch sind hohe Drücke möglich.

Alle Pumpen müssen vor der ersten Benutzung mit Wasser gefüllt werden. Ein Rückflußverhinderer in der Saugleitung verhindert, dass das Wasser aus der Pumpe zurückfließt.

das noch nie gemacht hat, sollte es sich von einem Fachmann zeigen lassen. Zur Stromversorgung der Pumpe ist eine Steckdose mit 230 V und einer der Pumpenleistung entsprechenden Absicherung erforderlich.

Tauchpumpe

Die Tauch- oder Unterwasserpumpe kann einfach installiert werden. Sie benötigt keine Saugleitung, sondern wird in den Speicher gestellt oder gelegt. Der Motor ist für den Einsatz im Wasser entsprechend abgedichtet. Die Förderhöhe beträgt je nach Fabrikat zwischen 6 und 40 m, die Fördermenge zwischen 5000 und 10000 l/h. Tauchpumpen werden in unterschiedlichen Bauformen hergestellt. Bei kleinen Anlagen sind Pumpen mit einem Saugkorb verwendbar, in dem das Laufrad arbeitet. Solche Pumpen werden auch als Schmutzwasserpumpen eingesetzt.

Andere Unterwasserpumpen haben einen Zulaufstutzen, an den eine kurze Saugleitung angeschlossen wird. Diese Bauform ermöglicht den Anschluss eines schwimmenden Ansaugfilters an die Tauchpumpe. Tauchpumpen mit einer Saugleitung lassen sich auch neben dem Speicher auf dem Boden (d.h. im Trockenen) aufzustellen. Diese Anordnung vereint die Vorteile der Saug- mit denen der Druckpumpe.

Vorteile von Tauchpumpen in Regenwasseranlagen

+ Das Pumpengeräusch entsteht im Speicher und wird durch das Wasser gedämmt.
+ Es gibt keine Aufstellprobleme - das ist besonders für Häuser ohne Keller wichtig.
+ Größere Entfernungen und Höhenunterschiede über 7 m zwischen Speicher und Haus sind realisierbar.
+ Das Wasser kann problemlos angesaugt werden.

Nachteile von Tauchpumpen

- Die Pumpe ist schlecht zugänglich, wodurch ihre Wartung erschwert wird.
- Druckseitig sind nur begrenzte Förderhöhen möglich.

58
Tauchpumpe mit Schwimmerschalter.
Quelle: Grundfos

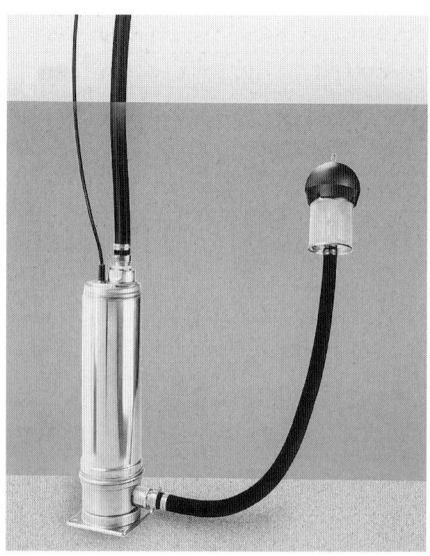

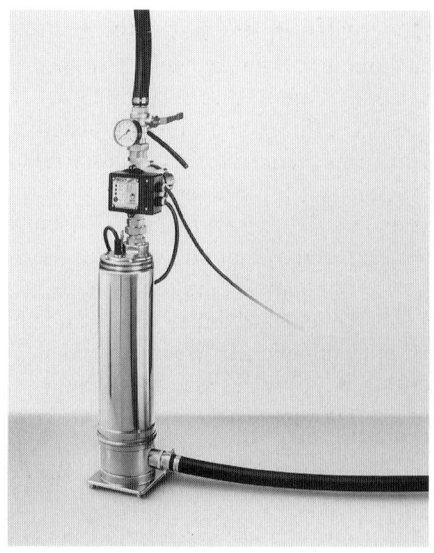

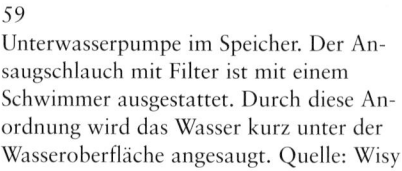

59
Unterwasserpumpe im Speicher. Der An-
saugschlauch mit Filter ist mit einem
Schwimmer ausgestattet. Durch diese An-
ordnung wird das Wasser kurz unter der
Wasseroberfläche angesaugt. Quelle: Wisy

60
Trockene Aufstellung der Unterwasserpumpe mit Saugschlauch und Druckregelung.
Diese Aufstellung außerhalb des Speichers
vereint die Vorteile von Saug- und Druck-
pumpen. Quelle: Wisy

Welche Leistung soll die Pumpe haben?

Die Leistung einer Pumpe wird mit folgenden Größen bewertet:

- der elektrischen Anschlußleistung in
  kW,
- der Förderhöhe in m oder dem För-
  derdruck in bar und
- der Fördermenge in Litern pro Stunde (l/h).

Die Saughöhe ist mit maximal 8 m für
alle angebotenen Saugpumpen annähernd gleich.

Für Regenwasseranlagen in Ein- und
Zweifamilienhäusern reichen in der Regel kleine Pumpen aus, eine Berechnung der benötigten Pumpenleistung ist
nicht erforderlich. Für die Toilettenspülung mit Spülkasten wird sehr wenig
Leistung benötigt, auch die Waschmaschine ist in dieser Beziehung nicht an-
spruchsvoll, bei geringem Druck dauert
der Nachlauf des Wassers eben etwas
länger. Lediglich zur Gartenbewässerung wird eine etwas größere Leistung
benötigt. Für ein Einfamilienhaus mit 1
bis 3 Toiletten und 1 Waschmaschine
ist eine Pumpenleistung 0,6 bis 0,8 kW
ausreichend, für ein Zweifamilienhaus
mit 3 bis 4 Toiletten und 2 Waschmaschinen sowie 1 Gartenzapfstelle sollte
eine Pumpenleistung von 0,8 bis 1,2
kW gewählt werden.

Überprüfung der Saughöhe

Saugpumpen könnnen Wasser bis in eine Höhe von höchstens 8 m ansaugen. Der Höhenunterschied zwischen Pumpeneinlassstutzen und niedrigstem Wasserspiegel sowie der Druckverlust in der Saugleitung und in den eingebauten Armaturen beeinflussen die tatsächlich erreichbare Saughöhe. Übersteigt der Höhenunterschied zwischen Pumpe und tiefstmöglichem Wasserspiegel etwa 5 m, sollte die Saughöhe genau berechnet werden.

Mit den Richtwerten aus Tabelle 14 kann folgende überschlägige Rechnung angestellt werden:

Erforderliche Saughöhe =
Höhenunterschied (H_{geo})
+ Verlust der Saugleitung
+ Verlust für Bögen
+ Verlust des Rückflussverhinderers

Ein Beispiel:
Der Höhenunterschied beträgt 5 m, die 1¼" Leitung ist bis zu 10 m lang und enthält einen Bogen, ferner sind ein Ansaugfilter und ein Rückflussverhinderer eingebaut.

Höhenunterschied =	5 m
+ Verlust der Saugleitung	0,5 m
+ Verlust für Bogen	1 m
+ Verlust des Ansaugfilters	1 m

Erforderliche Saughöhe =
5 m + 0,5 m + 1 m + 1 m = 7,5 m

Die Saughöhe handelsüblicher Pumpen reicht in diesem Beispiel aus. Die angenommenen Werte gelten für eine kleine Pumpe, an die ein bis zwei Toiletten und eine Waschmaschine angeschlossen sind. Ergibt sich jedoch eine erforderliche Saughöhe von mehr als 8 m, muss

Druckverlust in Rohrleitungen und Armaturen			
Nennweite	25 mm 1"	32 mm 1¼"	40 mm 1½"
Bogen 90°	1 m	1 m	1 m
Ansaugfilter und Rückflußverhinderer	1 m	1 m	1 m
10 m Rohrleitung	1 m	0,5 m	0,3 m

Tabelle 14:
Richtwerte für die Druckverluste in Rohrleitungen und Armaturen in m Wassersäule.

genauer gerechnet werden, z.B. durch einen Fachmann. Eine gute Lösung wäre es, die erforderliche Saughöhe zu verringern oder eine Druckpumpe statt einer Saugpumpe zu wählen.

Die Überprüfung der Gesamtförderhöhe der Pumpe

Bei großen Höhenunterschieden oder langer Rohrleitung in der Regenwasseranlage sollte überprüft werden, ob die vorgesehene Pumpe bei der gegebenen Gesamtförderhöhe das nötige Fördervolumen bringt.

Die Gesamtförderhöhe setzt sich zusammen aus:

• der Saughöhe, wie sie im vorigen Absatz ermittelt wurde (nur bei Saugpumpen!),

• dem Höhenunterschied zwischen Pumpe und höchster Verbrauchsstelle,

• dem Druckverlust im Leitungsnetz der Regenwasseranlage und

• dem Fließdruck des Verbrauchers an der höchsten Verbrauchsstelle.

Rechenwerte für den Druckverlust bei der Ermittlung der Förderhöhe	
Druckverlust in Leitungen	1 m je 10 m Rohrleitung
Fließdruck - am Auslaufventil - am Toilettenspülkasten	5 m 5 m
Waschmaschineneinlauf	10 m

Tabelle 15:
Druckverluste, die bei der Berechnung der Förderhöhe berücksichtigt werden müssen (in m).

Benötigte Förderhöhe =
    Saughöhe
    + Höhenunterschied hinter d. Pumpe
    + Druckverlust im Leitungsnetz
    + Fließdruck des Verbrauchers

Alle Drücke und Höhen werden in m angegeben. Vereinfacht kann man die Werte aus Tabelle 15 annehmen.

Ein Beispiel:
Die Saughöhe wurde mit 7,5 m ermittelt, der Höhenunterschied zwischen Pumpe und höchstem Verbraucher beträgt 6 m, die Leitungslänge zwischen Pumpe und letztem Verbraucher beträgt 15 m (Druckverlust = 1,5 ·1 m = 1,5 m), die höchste Verbrauchsstelle ist eine Toilette.

Benötigte Förderhöhe =
    7,5 m + 6 m + 1,5 m + 5 m = 20 m

Die Förderhöhe der Pumpe muss höher als der hier ermittelte Wert sein, üblicherweise bringen auch kleine Pumpen eine deutlich höhere Förderleistung als in dem Beispiel gefordert. Für größere Anlagen empfiehlt es sich, eine Berechnung vornehmen zu lassen. Der hier vorgestellte überschlägige Rechengang entspricht nicht der DIN Norm 1988 für Trinkwasserinstallationen.

Überschlägige Berechnung für die Gartenbewässerung

Zur Beregnung einer großen Gartenfläche ist unter Umständen eine größere Pumpenleistung notwendig als für den Betrieb der beschriebenen Hausinstallationen. Es ist deshalb sinnvoll, die erforderliche Leistung der Pumpe zu berechnen. Diese ist abhängig:

- von der benötigten Wassermenge je Stunde (Q in m^3/h).
  Für einen Ziergarten kann man 0,5 bis 1 m^3/h veranschlagen, für die Rasenberegnung 0,8 bis 1,2 m^3/h und für einen intensiv genutzten Gemüsegarten 1 bis 1,4 m^3/h.
- vom Höhenunterschied (H_{geo}) zwischen dem Ansaugstutzen im Speicher und der Gartenfläche in Metern.
- von Länge und Durchmesser der Rohre und Schläuche. Daraus ergibt sich der Druckverlust H_1 (Übersicht in Tabelle 16).
- vom am Schlauchende gewünschten Druck. Dieser sollte mindesten 2 bis 3 bar betragen, damit z.B. ein Gartenregner betrieben werden kann.

Alle Druckwerte werden in m angegeben, 1 bar Druck entspricht 10 m.

	Druckverluste in Schläuchen		
	Druckverlust je 1 m Schlauchlänge in m		
Durchflußmenge m³/h	Schlauch 1/2 " (Innen Ø 13 mm)	Schlauch 3/4 " (Innen Ø 19 mm)	Schlauch 1 " (Innen Ø 25 mm)
0,5 m³/h	0,35 m	0,05 m	0,0125 m
0,8 m³/h	0,4 m	0,05 m	0,015 m
1 m³/h	0,6 m	0,08 m	0,02 m
1,5 m³/h	1,1 m	0,15 m	0,04 m

Der Rechengang sieht so aus:

Benötigte Förderhöhe der Pumpe =
  Saughöhe
  + Höhenunterschied zwischen
  Pumpe und Schlauchende
  + Druckverlust
  + Enddruck

Ein Beispiel:
Die Saughöhe wurde mit 7 m ermittelt,
der Höhenunterschied H_{geo} beträgt 3 m,
der Wasserbedarf liegt bei 1 m³/h. Es
werden 20 m Schlauch ½" angeschlossen (Druckverlust: 20 · 0,6 m = 12 m),
der Enddruck soll 3 bar betragen (3 bar
= 30 m).

Benötigte Förderhöhe der Pumpe =
  7 m + 3 m + 12 m + 30 m = 52 m

Die Pumpe sollte diesen Wert nicht als
Leistungsobergrenze haben, sondern
eine etwas größere Förderhöhe ermöglichen.

Inbetriebnahme der Saugpumpe

Eine Saugpumpe kann im Gegensatz zu
einer Tauchpumpe nicht in den – ge-
füllten – Speicher gelegt und eingeschaltet werden. Bei Inbetriebnahme
einer Saugpumpe muss man etwas um-
sichtiger vorgehen. Grundsätzlich sollten Pumpen niemals trocken in Betrieb
genommen werden, auch nicht kurzzei-
tig.

Vor dem ersten Einschalten wird die
Saugpumpe durch den Einfüllstutzen an
ihrer Oberseite vollständig mit Wasser
gefüllt. Dafür wird der Stutzen geöffnet
und anschließend wieder verschlossen.
Auch der Speicher sollte so weit gefüllt
sein, dass der Saugkorb der Saugleitung
vollständig im Wasser eingetaucht ist.
Nun werden alle Zapfstellen geöffnet,
damit die Luft aus der Anlage entwei-
chen kann, und die Pumpe wird eingeschaltet. Die Pumpe läuft an, am Lauf-
geräusch kann man den freien Lauf erkennen. Je nach Länge und Höhe der
Saugleitung kann es nun einige Minuten dauern, bis das Wasser aus den
Zapfstellen fließt. Wenn die Wasser-
mangelsicherung in der Schaltautoma-
tik die Pumpe vorzeitig abschaltet, war

Störungen an der Pumpe – mögliche Ursachen und ihre Behebung			
Störung	Beschreibung	mögliche Ursache	Behebung
Geräusche	schleifen, klappern, mahlen	Lager beschädigt	neue Pumpe einbauen
	klickern	Fremdkörper in der Pumpe	Pumpe öffnen und säubern
	rauschen, auch in d. Leitung	zu große Pumpenleistung	kleinere Pumpe wählen
	brummen, dröhnen, schwingen	starre Verbindung zu Rohren oder Wänden	Pumpe mit Schläuchen anschließen u. auf Schwingungsdämpfer stellen
Pumpenleistung	Saugstutzen zugesetzt	angesaugter Schmutz	Pumpe öffnen und säubern
zu gering	Luftabscheider-Kolben klemmt	Verschmutzung	Luftabscheiderstopfen öffnen und reinigen
Pumpe läuft nicht,	Pumpe blockiert	Fremdkörper im Laufrad	Pumpe öffnen und säubern
obwohl Spannung vorhanden ist	Rotor leicht zu drehen	Wicklung defekt, Durchgang mit Meßgerät prüfen	neue Pumpe einbauen

Tabelle 17: Ursachen und Behebung von Störungen der Pumpe.

die Pumpe möglicherweise nicht ausreichend befüllt oder nicht genügend Wasser im Speicher vorhanden. In diesem Fall muss die Pumpe beziehungsweise der Speicher neu aufgefüllt und das Gerät wieder eingeschaltet werden. Fließt dann das Wasser an den Zapfstellen, sollten diese solange geöffnet bleiben, bis die Anlage vollständig entlüftet ist. Nach dem Schließen der Zapfstellen schaltet die Pumpe selbsttätig ab und die Anlage ist betriebsbereit.

Beheben von Störungen

Störungen an Pumpen haben oft geringfügige Ursachen und lassen sich meist leicht beheben. Einen Überblick über häufig auftretende Störungen und die Möglichkeiten zu ihrer Behebung gibt Tabelle 17. Achtung! Bei allen Arbeiten an Pumpen und an anderen elektrischen Anlagen müssen die Geräte spannungsfrei sein, d.h. der Netzstecker muss gezogen sein. Bei Arbeiten im Nassen und mit metallischen Rohrleitungen ist man hervorragend geerdet, wodurch ein elektrischer Schlag besonders gefährlich ist.

Saugleitung

Die Saugleitung der Pumpe wird mit einer Wanddurchführung, die von der Bauart des Speichers abhängig ist, in den Behälter geführt. Folgende Ausführungen bieten sich an:

- Eine feste Rohrleitung wird – von der Seite oder von oben – bis kurz über den Behälterboden geführt. Diese Bauweise kommt in der Regel bei Betonspeichern im Erdreich zum Einsatz.
- Ein Sauganschluss für normalansaugende Pumpen wird wenig oberhalb des Speicherbodens in die Behälterwand eingebaut. Dies ist bei Kunststoff-Kellerspeichern leicht möglich.
- Eine feste Rohrleitung wird in den Speicher geführt, an der ein beweglicher Saugschlauch mit Schwimmer befestigt ist, so dass das Wasser stets etwa 15 cm unterhalb der Wasseroberfläche und nicht aus dem Sediment am Behälterboden angesaugt wird. Der Schlauch ist in der Regel 2 bis 3 m lang und hat ein 1"-Anschlussgewinde.

Bei Komplettanlagen ist die Art der Wasserentnahme in der Regel vom Hersteller festgelegt, Änderungen sind jedoch meist möglich.
   Die Verbindung von der Pumpe zum Speicher kann bei kurzen Entfernungen mit einem Saugschlauch hergestellt werden. Bei Längen von mehreren Metern wird eine Rohrleitung aus PE mit einem Durchmesser von mindestens 32 mm verlegt. Der Saugschlauch ist mit einer Drahtspirale verstärkt, damit er auch bei Unterdruck seinen vollen

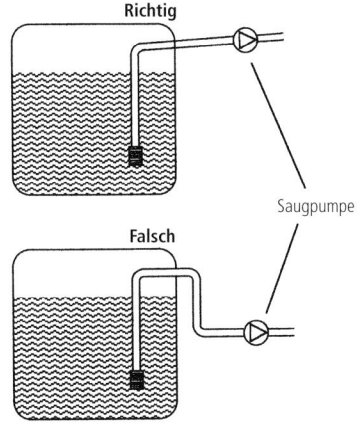

Richtig

Falsch

Saugpumpe

61
Die Saugleitung wird mit Steigung zur Pumpe verlegt.

62
Unterschiedliche Anordnungen der Saugleitung für die Wasserentnahme aus dem Speicher.

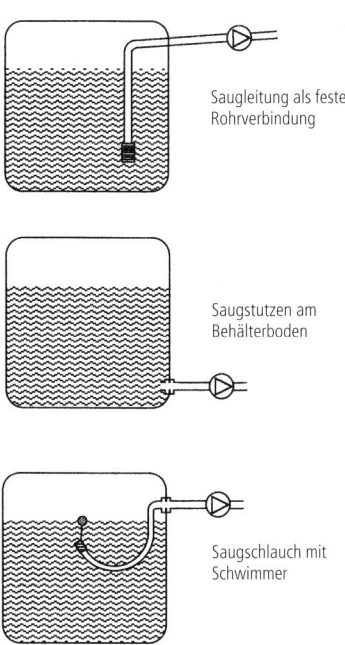

Saugleitung als feste Rohrverbindung

Saugstutzen am Behälterboden

Saugschlauch mit Schwimmer

Nennweiten und Gewindemaße bei Rohren	
Nennweite = Innendurchmesser	Gewinde in Zoll ["]
25 mm	1 "
32 mm	1 $\frac{1}{4}$ "
40 mm	1 $\frac{1}{2}$ "
50 mm	2 "

In der Installationstechnik werden Gewinde in Zoll gemessen, Kunststoffrohre werden mit dem Innendurchmesser = Nennweite bezeichnet. Die genannten Gewinde und Rohrmaße passen jeweils zusammen.

Tabelle 18:
Nennweiten und Gewindemaße bei Rohren.

Querschnitt behält. Angeschlossen wird er mit einem 1"-Gewinde, das auf kleine Pumpen passt. Pumpen mit größerer Leistung haben einen Anschlussstutzen von 1¼". Ist die Saugleitung nicht länger als etwa 3 m, kann zwischen den 1"-Saugschlauch- und den 1¼"-Pumpenanschluss ein Reduziernippel geschraubt werden. Längere Saugleitungen sollten einen Durchmesser von 1¼" haben. Allgemein gilt: Je größer der Durchmesser einer Saugleitung ist, desto besser. Der Durchmesser sollte mindestens 32 mm betragen.

Die Eintrittsöffnung der Ansaugleitung im Speicher ist mit einem Sieb oder Filter versehen, um störende Verschmutzungen von der Pumpe fernzuhalten. Dieser Ansaugfilter ist lediglich als zusätzlicher Schutz für die Pumpe gedacht, da das Regenwasser ja bereits im Zulauf durch einen Filter gereinigt wurde. Mit einer Maschenweite von etwa 1,2 mm schützt der Ansaugfilter die Pumpe ausreichend und bleibt lange durchlässig. Würde auf den Filter vor dem Speicher verzichtet, wäre der An-

saugfilter nach kurzer Betriebszeit verstopft. Wo das Regenwasser ungefiltert in den Speicher läuft, sind feinere Ansaugfilter einzusetzen (z.B. mit einer Maschenweite von 0,23 mm). Wegen der kleinen Filterfläche und der fehlenden Selbstreinigung ist dabei mit einem erhöhten Wartungsaufwand zu rechnen.

Druckregelung

Eine Steuereinrichtung sorgt dafür, dass die Pumpe der Regenwasseranlage je nach Bedarf eingeschaltet und wieder ausgeschaltet wird. Für diese Aufgabe ist ein Druck- und Strömungswächter direkt hinter der Pumpe (auf der Druckseite) montiert, der bei Druckabfall in der Leitung – also bei Wasserverbrauch – die Pumpe einschaltet. Wird kein Wasser mehr entnommen, steigt der Druck in der Leitung wieder und die Pumpe wird nach kurzer Nachlaufzeit ausgeschaltet. Durch das strömungsabhängige Ein- und Ausschalten der Pumpe wird ein annähernd gleichmäßiger Druck in der Leitung erreicht. Zusätzlich enthält der Druckwächter einen Trockenlaufschutz, der verhindert, dass die Pumpe bei Wassermangel weiterläuft.

Zur Druckregelung kann die Pumpe auch mit einem Membranausdehnungsgefäß oder mit einem Druckbehälter aus verzinktem Stahl ausgestattet werden. Diese Druckbehälter speichern eine relativ große Menge Wasser und puffern damit die Druckschwankungen in den Versorgungsleitungen. Sie wurden bis vor einigen Jahren bei Regenwasser- und Brunnenanlagen sehr häufig eingesetzt, werden heute aber bei Neuanlagen immer seltener verwendet. Der relativ große Vorrat an Regenwasser im Membranausdehnungsgefäß beziehungsweise im Druckbehälter begünstigt zum einen die Keimvermehrung und zum anderen sind Membran- und Druckbehälter stärker durch Korrosion gefährdet als andere Anlagenteile und deshalb eine potentielle Ursache von Störungen.

63
Saugpumpe mit angebautem Druckregler. Quelle: Wilo

Nachspeisen von Trinkwasser

Eine Regenwasseranlage garantiert keine perfekte Wasserversorgung; deshalb muss Vorsorge für den Fall getroffen werden, dass der Regen einmal nicht reicht oder ein Bauteil der Anlage den Dienst versagt. Die einfachste Lösung, die direkte Verbindung der Trink- mit der Regenwasserleitung z.B. mit einem Schlauch, ist nach DIN 1988 jedoch verboten, um die Gefahr auszuschliessen, dass über diese Verbindung Regenwasser in die Trinkwasserleitungen gelangt. Für die ersatzweise Versorgung mit Trinkwasser gibt es zwei Methoden: das Nachspeisen in den Speicher und das Nachspeisen in die Saugleitung der Pumpe.

Für beide Möglichkeiten gibt es vorbereitete Lösungen mit relativ geringem Installationsaufwand. Bei einer Anlage, die ausschließlich für die Gartenbewässerung oder ähnliche Zwecke verwendet wird, kann man auf eine Nachspeisung gut verzichten, denn sie würde

den Aufwand zur Herstellung und Wartung der Anlage nur vergrößern. Die einfachste Lösung zur Sicherung der Wasserversorgung ist in diesem Fall die Installation einer zweiten Leitung mit Zapfstelle für Trinkwasser.

Nachspeisen in den Speicher

Die einfachere und preisgünstigere von den beiden genannten Lösungen ist das Einleiten des Trinkwassers in den Speicher. Dazu benötigt man:

- ein ½"-Magnetventil mit Kabel und Stecker,
- ein Steckergehäuse mit Steckdose und Stecker,
- einen Schwimmerschalter mit Kabel sowie
- einen Einlauftrichter mit Zuleitung zum Speicher.

Montage
Der Einlauftrichter für die Nachspeisung wird an einer frostfreien Stelle

69

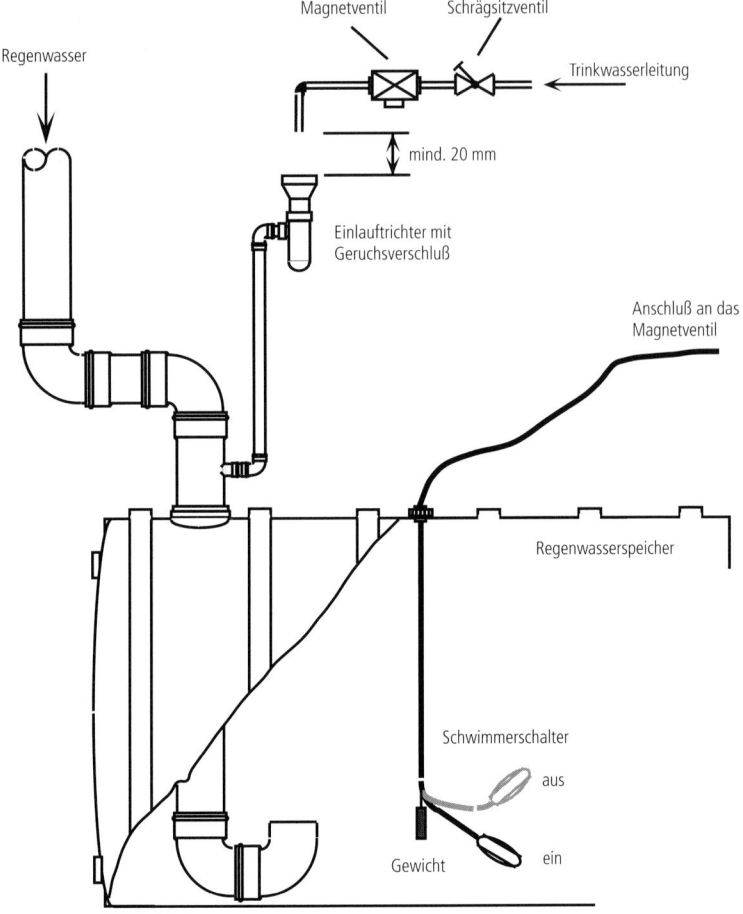

Magnetventil   Schrägsitzventil

Regenwasser

Trinkwasserleitung

mind. 20 mm

Einlauftrichter mit
Geruchsverschluß

Anschluß an das
Magnetventil

Regenwasserspeicher

Schwimmerschalter

aus

Gewicht   ein

64
Trinkwassernachspeisung mit freiem Auslauf in den Speicher (hier über den
Regenwasserzufluss).

oberhalb der Rückstauebene montiert
und die Trinkwasserleitung mit dem
Magnetventil bis zum Einlauftrichter
geführt. In Fließrichtung vor dem Magnetventil wird sinnvollerweise ein Ab-
sperrventil angeordnet, um bei Störungen am Magnetventil den Wasserzufluss von Hand unterbrechen zu können. Der Schwimmerschalter wird an

einer möglichst tief gelegenen Stelle im
Speicher eingebaut. Ein Gewicht am
Kabel des Schalters führt dieses senkrecht nach unten. Über die Position des
Gewichts wird der Schaltpunkt eingestellt. Der Schwimmerschalter soll das
Magnetventil in der Nachspeiseleitung
erst öffnen, wenn der Wasserstand soweit gesunken ist, dass der Schalter

„hängt" anstatt zu schwimmen. Das Kabel des Schalters muss dafür so angeschlossen werden, dass bei „hängendem" Schwimmerschalter an den Kontakten der Steckdose Spannung anliegt. Das Kabel des Magnetventils wird nun, mit einem normalen Stecker versehen, in das Steckergehäuse des Schwimmerschalters gesteckt. Das Ventil öffnet, wenn es durch den Schwimmerschalter auf Spannung geschaltet wird, und schließt, wenn der Schwimmer seine obere Stellung erreicht, d.h. die Spannung unterbrochen wird.

Das Ganze hört sich etwas komplizierter an, als es tatsächlich ist, zumal die Schaltung vormontiert gekauft werden kann. Wer keine Erfahrung mit Elektroinstallationen hat, sollte vorsichtshalber einen Elektriker damit beauftragen.

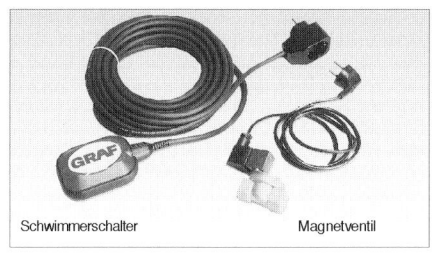

Schwimmerschalter   Magnetventil

65
Schwimmerschalter mit Kabel und Steckdosengehäuse sowie Magnetventil mit Stecker.   Quelle: Graf

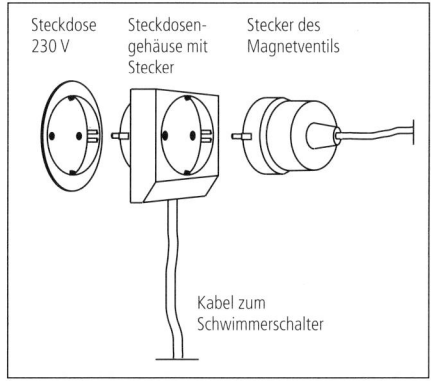

Steckdose 230 V   Steckdosengehäuse mit Stecker   Stecker des Magnetventils

Kabel zum Schwimmerschalter

66
Anschluss der Trinkwassernachspeisung an die Steckdose.

Installationsregeln für die Nachspeiseeinrichtung

• Zwischen dem Auslauf der Trinkwasserleitung und dem Einlauftrichter muß ein Abstand, der dem zweifachen Innendurchmesser der Trinkwasserleitung entspricht, mindestens aber von 2 cm eingehalten werden.
• Beispiel: Kupferrohr Außen Ø 15 mm, Innen Ø 13 mm, Abstand 26 mm.
• Ausserdem muss der Einlauf mindestens 15 cm oberhalb der Rückstauebene installiert werden.

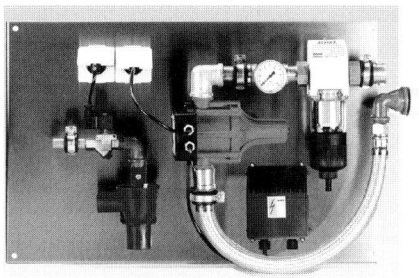

67
Steckerfertige Kompakteinheit zur Nachspeisung, mit Schwimmerschalter, Druckwächter und Trockenlaufschutz in Verbindung mit einer Tauchpumpe.
Quelle: Graf

71

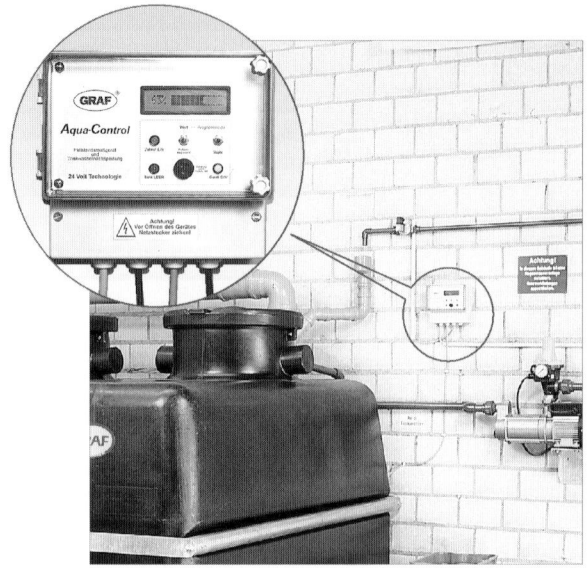

68
Steuergerät für die Nach-
speisung und Füllstands-
kontrolle mit kapazitiver
Messmethode.
Quelle: Graf

Nachspeisen in die Saugleitung der Pumpe

Die anspruchsvollere Lösung ist die Trinkwasser-Nachspeisung in die Saugleitung der Pumpe. Für diese Lösung empfiehlt es sich, eine vormontierte Nachspeiseeinheit zu kaufen, wenngleich diese Einrichtung auch aus einzelnen Bauteilen selbst montiert werden kann. Sie besteht im Wesentlichen aus einer Saugpumpe mit Druckschaltautomat, einem Magnetventil, einem kleinen Pufferbehälter für Trinkwasser und einem Schaltgerät (Abb. 69).

Im Speicher wird ein Schwimmerschalter montiert, der über eine Steuereinheit und ein daran angeschlossenes Magnetventil den Trinkwasserzufluss regelt. Wird im Speicher der untere Wasserstand erreicht, öffnet das Magnetventil und lässt Trinkwasser in den Pufferbehälter der Nachspeiseeinheit einströmen. Die Pumpe saugt nun aus dem Pufferspeicher und versorgt das

Regenwassernetz mit Trinkwasser. Sobald sich der Speicher wieder mit Regenwasser füllt, schließt der Schwimmerschalter das Magnetventil und die Pumpe saugt wieder Regenwasser aus dem Speicher an.

Diese Methode ist aufwendiger und damit auch teurer als das Nachspeisen in den Speicher. Sie spart jedoch Trinkwasser, weil stets nur soviel Wasser nachgespeist wird, wie tatsächlich benötigt wird. Zudem ist eine Nachspeiseeinrichtung in die Saugleitung leicht einzubauen, da die Pumpe und die benötigten Schaltgeräte zur Füllhöhenüberwachung des Speichers bereits vormontiert sind.

Bei einigen Schaltgeräten kann zusätzlich ein Fühler angeschlossen werden, der einen Rückstau im Tank meldet. Die Steuereinheit schaltet dann wie bei Regenwassermangel auf die Versor-

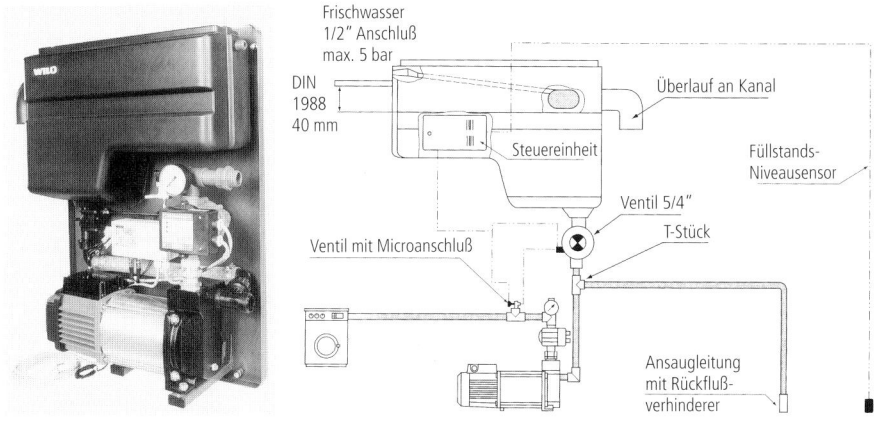

Frischwasser
1/2″ Anschluß
max. 5 bar

DIN
1988
40 mm

Überlauf an Kanal

Steuereinheit

Füllstands-
Niveausensor

Ventil 5/4″

T-Stück

Ventil mit Microanschluß

Ansaugleitung
mit Rückfluß-
verhinderer

69
Einrichtung zum Nachspeisen in die Saugleitung der Pumpe. Alle notwendigen Schalt- und
Steuereinrichtungen sind vormontiert.   Quelle: Wilo

gung mit Trinkwasser, um zu verhindern, dass möglicherweise in den Speicher gelangtes Schmutzwasser in das Regenwasserleitungsnetz gefördert wird.

Zwei Leitungsnetze im Haus

Auf eine Nachspeisung von Trinkwasser in die Regenwasseranlage kann verzichtet werden, wenn ein zweites Leitungsnetz parallel zur Trinkwasserleitung installiert wird, durch das die betreffenden Verbraucher versorgt werden. Das bedeutet, dass an den Spülkästen der Toiletten und an der Waschmaschine jeweils ein zweiter Anschluss montiert wird, der bei Bedarf von Hand betätigt werden muss. Insbesondere bei der Nachrüstung einer Regenwasseranlage im Altbau muss die zweite Leitung in vielen Fällen (sofern die Toiletten-

spülung nicht an einem separaten Leitungsstrang angeschlossen ist, der sich auf Regenwasser umstellen lasst) sowieso gelegt werden, so dass sich kein zusätzlicher Installationsaufwand ergibt.

Bei der Waschmaschine wird neben dem Trinkwasserhahn ein Regenwasserhahn montiert, an den der Waschmaschinenschlauch angeschraubt werden kann. Verwendet man hier eine Steckkupplung, ist der Wechsel in Sekunden erledigt.

Auch der Toilettenspülkasten lässt sich mit zwei Anschlüssen ausrüsten; der Aufwand ist allerdings etwas größer. Hier bieten sich zwei Lösungen an:

- *Anschluss des Spülkastens mit*
  wechselbarem Schlauch
Neben den Trinkwasseranschluss des Spülkastens wird ein Regenwasseranschluss montiert. Die Rohrverbindung des Eckventils zum Spülkasten wird gegen einen Schlauch ausgewechselt, der

73

wahlweise an den Trink- oder Regenwasseranschluss geschraubt oder gesteckt wird. In der Installationstechnik
sind dünne Metallgewebeschläuche für
Wasserleitungen üblich, die optisch
eine akzeptable Lösung bieten. Bei Verwendung einer Steckverbindung ist der
Wechsel in sekundenschnelle möglich.

• *Spülkästen mit zwei Schwimmer-
ventilen*
Spülkästen sind wahlweise mit dem
Wasserzufluss rechts oder links mon-

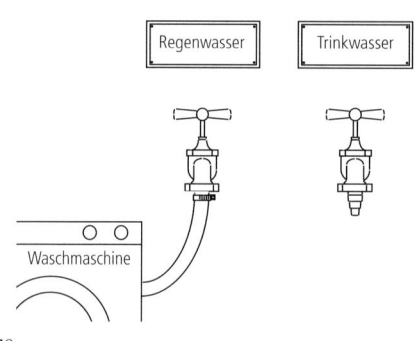

70
Umschaltung zwischen Regen- und Trinkwasserversorgung: Der Schlauchanschluss
der Waschmaschine kann je nach Bedarf an
die Regen- oder Trinkwasserleitung
angeschlossen werden.

tierbar. Bei Verwendung eines kompak-
ten Schwimmerventils neuerer Bauart,
mit dem sich auch ältere Spülkästen
nachrüsten lassen, passen zwei
Schwimmerventile in den Kasten. Wird
nun der Regenwasseranschluss auf der
noch freien Seite montiert, lässt sich
durch wahlweises Öffnen und Schließen des rechten oder linken Eckventils
zwischen Trink- oder Regenwasser
wählen.

Bleibt die Frage, was nun besser ist,
Trinkwasser in die Regenwasseranlage
nachzuspeisen oder eine Trink- und
eine Regenwasserleitung zu den Regenwasserverbrauchern zu legen? Die
Nachspeisung ist die komfortablere Lösung, da sie automatisch arbeitet.
Nachteilig ist die größere Abhängigkeit
von der Technik; so können die ange-
schlossenen Verbraucher nicht mehr
mit Wasser versorgt werden, wenn Störungen an der Regenwasseranlage auftreten, z.B. bei einem Pumpenschaden
oder bei Stromausfall. In solchen Fällen
bietet die Installation mit zwei getrennten Leitungen einen Vorteil: Mit weni-

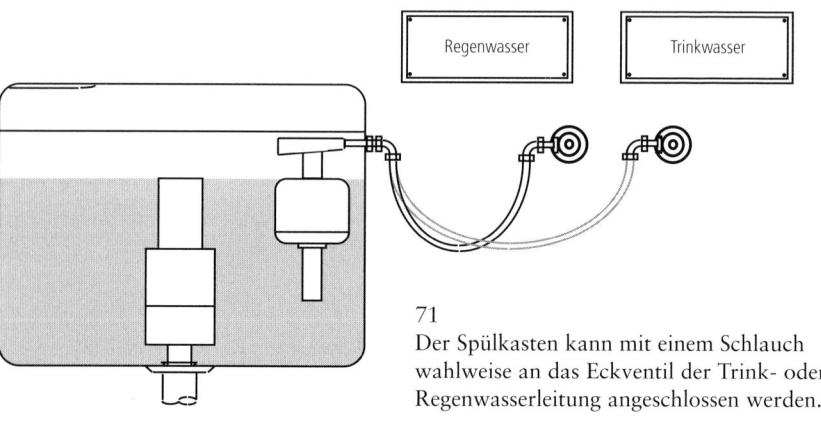

71
Der Spülkasten kann mit einem Schlauch
wahlweise an das Eckventil der Trink- oder
Regenwasserleitung angeschlossen werden.

74

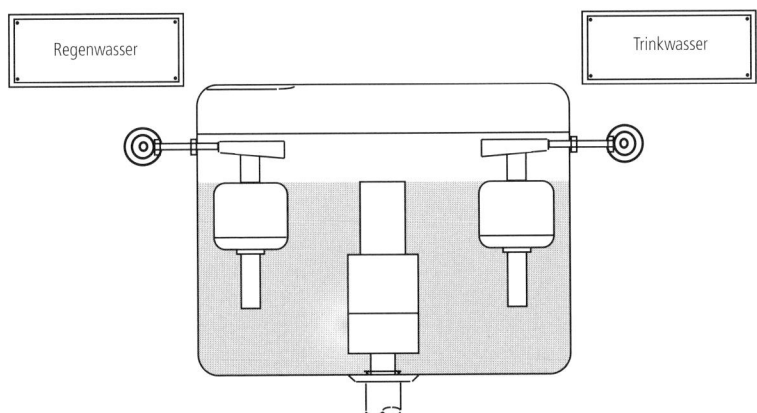

Im Bild ist zweimal eine Beschriftung zu sehen: "Regenwasser" und "Trinkwasser".

72
Viele handelsübliche Spülkästen können mit einem zweiten Füllventil ausgerüstet werden, um einen wahlweisen Betrieb mit Regen- oder Trinkwasser zu ermöglichen.

gen Handgriffen können die Anschlüsse gewechselt und die Verbraucher auf Trinkwasserversorgung umgestellt werden. Diese Handgriffe sind jedoch jedesmal nötig, wenn der Vorrat an Regenwasser zur Neige geht. Werden Toiletten und Waschmaschinen über lange Zeit mit Regenwasser versorgt, steht das Trinkwasser ebenso lange in den Leitungen zu diesen Verbrauchern, so dass sich in diesen Leitungen Keime vermehren und ansammeln, wodurch die Wasserqualität unter Umständen erheblich beeinträchtigt wird. Es ist deshalb sinnvoll, die Trinkwasseranschlüsse einmal wöchentlich kurz zu öffnen, um die Leitungen zu spülen.

Die hier vorgeschlagenen Lösungen mit wechselnden Leitungen können die Gefahr der bateriellen Verunreinigung der Trinkwasserleitung nicht ganz ausschließen, sie sind deshalb keine Lösung für den Regelfall.

Füllstandsmessung

Von Zeit zu Zeit kann es interessant sein zu wissen, wieviel Wasser noch (oder schon wieder) im Speicher ist, auch wenn die Information nicht unbedingt gebraucht wird, weil die Anlage ja selbsttätig funktioniert.

Einfach, aber relativ ungenau ist die Kontrolle des Füllstands mit einem oder mehreren im Speicher eingebauten Schwimmerschaltern. Ein Schwimmerschalter wird häufig bereits zum Ein- und Ausschalten der Nachspeisung eingesetzt.

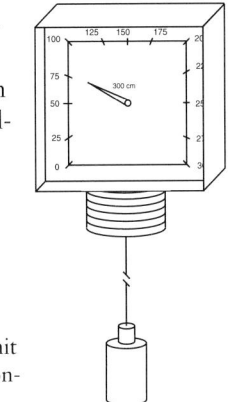

73
Mechanische Füllstandsanzeige mit Schwimmer zur Montage auf dem Tank.

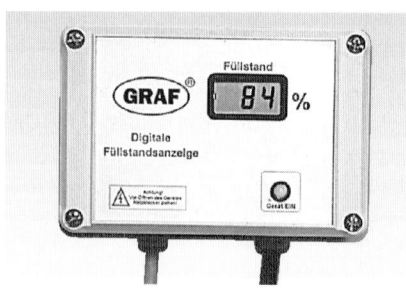

74
Digitale Füllstandsanzeige für beliebige Tankgrößen. Sie eignet sich auch zum Nachrüsten.   Quelle: Graf

Für genauere Informationen über den Wasserstand wird eine Messeinrichtung benötigt. Das kann im einfachsten Fall eine mechanische Tankinhaltsanzeige mit Schwimmer sein, die auf dem Speicher montiert wird. Das Gerät zeigt über eine Verbindungsschnur zwischen Anzeige und Schwimmer die Höhe des Wasserstands im Speicher an.

Ein pneumatisches Füllstandsmessgerät wird mit kleiner Handpumpe betätigt. Bei diesem Gerät ist die Anzeige mit einer Luftleitung verbunden, die bis kurz über den Speicherboden reicht. Mit der Pumpe wird Luft in die Leitung gepumpt, bis alles Wasser aus der Leitung in den Speicher gepresst ist. Der dafür benötigte Druck entspricht der Höhe der verdrängten Wassersäule und wird auf die Wasserstandsanzeige übertragen. Diese Einrichtung zur Füllstandsmessung kann in alle Keller- oder Erdspeicher auch nachträglich eingebaut werden. Die Luftleitung ist 20 m lang, so dass auch in einiger Entfernung vom Speicher gemessen werden kann.

Bei Verwendung eines vormontierten Schaltgerätes zur Steuerung und Überwachung der Regenwasseranlage sind auch kontinuierliche automatische Füllstandsmessungen möglich. Dafür werden mehrere Systeme angeboten. Eine elektrische Messmethode misst mit einem kapazitiven Sensor (bei ungefährlichen 12 Volt) den Füllstand im Speicher und bringt ihn in 1% Schritten zur Anzeige. Bei Unterschreitung der Mindestmenge wird über eine 24-Volt-Leitung das Magnetventil zur Nachspeisung geschaltet, so dass mit diesem Gerät auf den Schwimmerschalter im Speicher verzichtet werden kann. Ein anderes Gerät arbeitet mit einer Ultraschallsonde, die eine digitale Anzeige des Füllstands am Schaltgerät ermöglicht. Durch freiprogrammierbare Schaltpunkte lässt sich auch mit dieser Messmethode die Nachspeisung ein- und ausschalten.

Welche Füllstandsmessung ist nun wirklich nötig beziehungsweise angebracht? Bei der einfachen Anlage für die Gartenbewässerung kann man guten Gewissens auf eine Füllstandsanzeige verzichten. Entweder es kommt Wasser oder es kommt keines. Auch bei der Versorgung der Toiletten ist eine Füllstandsanzeige nicht wirklich erforderlich, schließlich wird bei Wassermangel Trinkwasser nachgespeist, so dass der Benutzer den Mangel nicht bemerkt. Bei Einbau eines Schaltgerätes dagegen ist die Füllstandsmessung und -anzeige häufig im Gerät enthalten und bietet zwanglos nützliche Informationen darüber, wieviel Wasser noch im Speicher ist.

Pumpen aus einem weit entfernten Speicher

Ist der Speicher weit vom Haus entfernt, kann es vorkommen, dass die Leistung der Saugpumpe zum Ansaugen nicht mehr reicht und eine im Speicher eingebaute Tauchpumpe nicht genügend Druck beziehungsweise ausreichend Wasser liefert. In diesem Fall können zwei Pumpen eingebaut werden: Eine Tauchpumpe im Speicher, die eine große Wassermenge bei niedrigem Druck bis zum Haus in den Vorbehälter einer Saugpumpe fördert, und eine Saugpumpe, die das Wasser dem Vorbehälter entnimmt und den im Wassernetz benötigten Druck liefert. Für diese Lösung gibt es von Pumpenherstellern vormontierte Baugruppen, die eine Saugpumpe, den Vorbehälter und ein Steuergerät enthalten.

Regenwasserleitungen

Materialien und Verbindungstechniken

Für Trinkwasserleitungen im Haus sind heute im Wesentlichen folgende Rohrsysteme gebräuchlich, deren Verbreitung regional unterschiedlich ist:

- Kupferrohr mit Lötverbindung
- Kupferrohr mit Pressfittingverbindung
- Edelstahlrohr mit Pressfittingverbindung

- Kunststoffrohr aus PVC mit Klebeverbindung
- Kunststoffrohr aus PE-x (vernetztes Polyethylen) mit diversen Klemmverbindungstechniken
- Verbundrohr aus Kunststoff mit diversen Klemmverbindungstechniken.

Für Schwimmbäder mit chemisch behandeltem Wasser wird darüberhinaus PVC-Kunststoffrohr mit Schraubverbindungen verwendet.

Außerdem kommt als Neuentwicklung das „Betriebswasserrohr" in Betracht, das nicht zuletzt auch für die Nutzung von Regenwasser konzipiert wurde. Zum Zeitpunkt der Drucklegung dieses Buches lagen über dieses System noch keine Erfahrungen vor, über die hier berichtet werden kann.

Alle diese Rohrleitungen sind grundsätzlich für die Verwendung in Regenwasseranlagen geeignet. Die Entscheidung für das eine oder das andere Material hängt somit von dessen Verfügbarkeit und, wenn man die Rohre selbst verlegt, auch von den eigenen technischen Möglichkeiten beziehungsweise Fähigkeiten ab.

Bei Kupferrohr besteht je nach Qualität des Regenwassers eine gewisse Korrosionsgefahr. Zwar gibt es Anlagen mit Kupferrohren, die schon seit Jahren ohne Störungen in Betrieb sind, jedoch ist die Korrosion in dem einen oder anderen Fall nicht auszuschließen.

Bedenken bestehen gegen die Verwendung von Rohren aus PVC. Das im Kunststoff enthaltene Chlor belastet die Umwelt bei Herstellung und Entsorgung der Rohre und führt im Brandfall zur Entstehung von Dioxin.

Bei Berücksichtigung dieser Einwände bleiben demnach folgende Alternativen:

- Kunststoffrohr aus PE mit Klemmverbindung
- Verbundrohr aus Kunststoff
- Edelstahlrohr mit Pressfittingverbindung

Für das PE-Rohr gibt es eine Vielzahl von Anbietern, die technisch vergleichbare Systeme liefern. Die Auswahl sollte in Abstimmung mit dem Installateur erfolgen, der sich meist auf ein System festgelegt hat. Zum Teil werden die Rohrsysteme in Baumärkten angeboten. Diese Hinweise gelten auch für Verbundrohre aus Kunststoff und Metallfolie.

Stellvertretend für die Vielzahl von Systemen wird im Folgenden die Verarbeitung von Edelstahlrohr und PE-x in Schutzrohren für die Hausinstallation beschrieben sowie die Verarbeitung von PE-Rohr für die Garteninstallation. Mit der Beschreibung ist nicht die Bewertung verbunden, dass diese Systeme besser oder schlechter sind als andere, es sind lediglich Beispiele für Möglichkeiten.

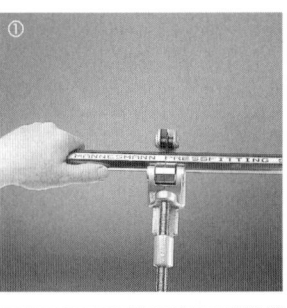
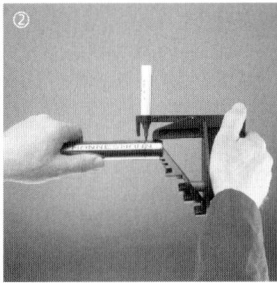
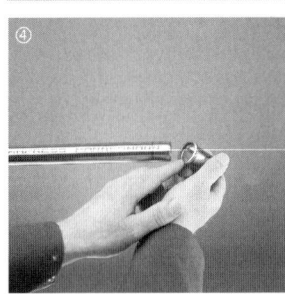
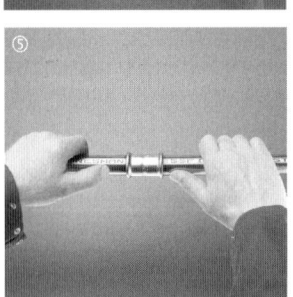
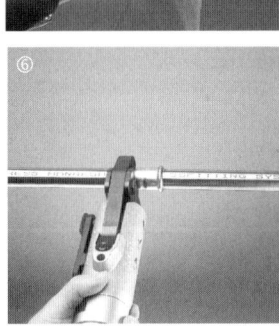

75
Verarbeiten von Edelstahlrohr.
Quelle: Mannesmann.

① Abschneiden mit dem Rohrschneider
② Anzeichnen der Einstecktiefe
③ Entgraten des Rohrendes
④ Aufstecken des Fittings
⑤ Zusammenstecken der Rohre
⑥ Verpressen mit der Presszange

Edelstahlrohr

Edelstahlrohr wird mit Pressfittings aus Edelstahl oder Messing verbunden. Dieses Verbindungssystem setzt sich bei Trinkwasserleitungen zunehmend durch, weil es mehrere Vorteile hat:

- schnelle und saubere Montage,
- keine Brandgefahr durch Lötarbeiten,
- Verwendung auf oder in der Wand ist möglich,
- gutes Aussehen durch metallisch blanke Oberfläche.

Für die Verbindung von Fittings und Rohren verwendet der Installateur eine spezielle Presszange, die ein Heimwerker selten zur Verfügung hat. Das Rohr wird bis zum Anschlag in den Fitting, der einen Dichtring enthält, geführt und der Fitting dann an seinem Muffenende verpresst. Durch die Verformung von Fitting und Rohr halten diese fest zusammen, der eingelegte Ring dichtet die Verbindung ab. Diese Verarbeitungstechnik zeigt die Abbildung 75.

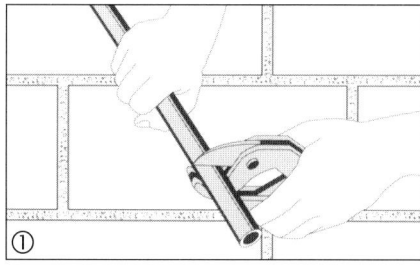

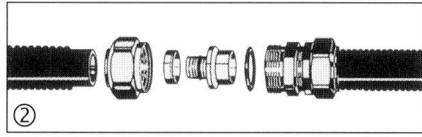

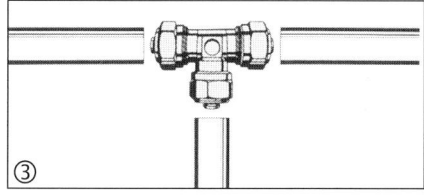

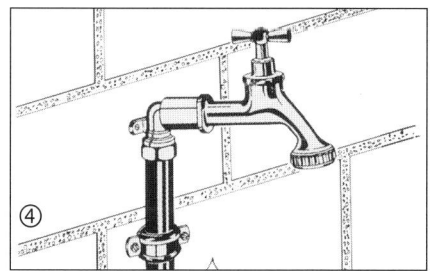

Rohre aus vernetztem Polyethylen

Rohre aus PE-x werden zunehmend für Sanitärinstallationen verwendet. Mehrere Hersteller bieten vollständige Systeme an, die sich im Detail von dem hier gezeigten System (Abb. 76) unterscheiden können.

Das PE-x-Rohr wird in Rollen mit 10 oder 25 m Länge oder in 2,5 m langen Stangen geliefert. Ein Rohr mit 16 mm Durchmesser reicht in der Regel für eine Regenwasserleitung aus, an die 1 bis 3 Verbraucher angeschlossen sind.

76
Verarbeiten von PE-x-Rohr. Quelle: Marley
① Ablängen mit der Schere für Kunststoffrohre.
② Verbindung mit Kupplungsstücken. Die Überwurfmutter wird mit einem Maulschlüssel angezogen.
③ T-Stück für Rohrabzweige.
④ Anschluß eines Zapfventils mit einem Deckenwinkel.

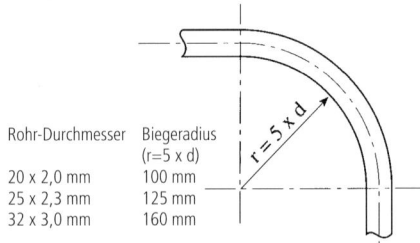

Rohr-Durchmesser	Biegeradius (r=5 x d)
20 x 2,0 mm	100 mm
25 x 2,3 mm	125 mm
32 x 3,0 mm	160 mm

77
Der Biegeradius einer Rohrleitung aus Kunststoff muss mindestens die 5fache Länge des Rohrdurchmessers betragen. Quelle: Marley

Zum Schutz vor mechanischen Beschädigungen wird das Rohr unter Putz in einem gewellten Schutzrohr verlegt, in dem es sich bei Temperaturänderungen ausdehnen oder zusammenziehen kann. Für die Verbindung von Rohren und Armaturen werden Messingfittings mit Klemmringverschraubung verwendet. Eine Dichtung der Gewinde ist dabei nicht nötig. Beim Übergang auf Rohre aus anderem Material müssen die Gewindeverbindungen mit Teflonband oder Hanf und Kitt abgedichtet werden.

Montage
Für die Verlegung der Kunststoffrohre aus PE-x werden folgende Werkzeuge benötigt: eine Schere für Kunststoffrohre, ein Schraubendreher, ein 29er Maulschlüssel und eine Wasserpumpenzange. Das Rohr wird mit der Schere rechtwinklig abgeschnitten. Nun werden Schraubkappe und Klemmring über das Rohrende geschoben und die Stützhülse der Verschraubung in das Rohr eingesteckt. Es ist empfehlenswert, das Rohrende vorher in heißem

Wasser oder mit einem Fön zu erwärmen, damit es weicher wird. Nun wird die Schraubkappe mit der Hand auf den Fitting gedreht. Die Verbindung wird mit dem Maulschlüssel kräftig aber mit Gefühl nachgezogen und ist dann fertig und dicht.

Für Rohrverbindungen und Übergänge auf andere Rohre und Armaturen gibt es vielfältige Kupplungs- und T-Stücke sowie Winkel und andere Fittings als Schraubverbinder, so dass alle gewünschten Rohrleitungen damit hergestellt werden können.

Bevor neu verlegte Rohrleitungen endgültig in Betrieb genommen werden, sollte die Dichtheit aller Verbindungen mittels Druckprobe geprüft werden. Dazu wird mit einem Abdrückgerät ein Druck von mindestens 5 bar (max. 10 bar) über dem Betriebsdruck in den Leitungen erzeugt. Sind die Leitungen dicht, darf der Prüfdruck nach 2 Stunden um höchstens 0,2 bar gefallen sein.

Im Erdreich verlegte Leitungen
Für Regenwasserleitungen im Erdreich werden Rohre aus PE-HD (Polyethylen hoher Dichte) mit Fittings aus PP (Polypropylen) benutzt, da die Verschraubungen der vorher beschriebenen PE-x Rohre für die Verlegung in der Erde nicht geeignet sind.

Die Rohre haben Durchmesser von 20, 25 oder 32 mm. Je länger die Leitungen sind, umso größer sollte der Durchmesser der Rohre gewählt werden, um einen zu großen Druckverlust zu vermeiden (siehe Tabelle 14 im Kapitel „Pumpen"). Grundsätzlich sollte

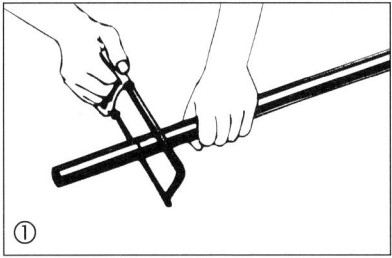

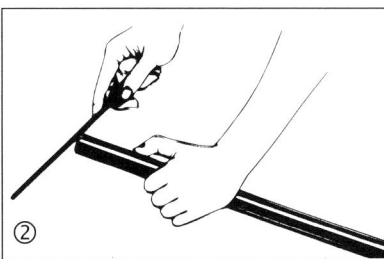

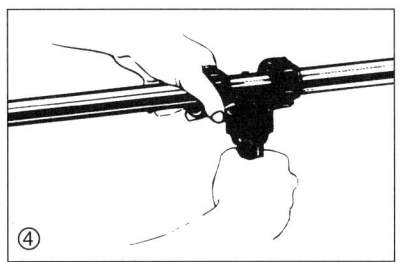

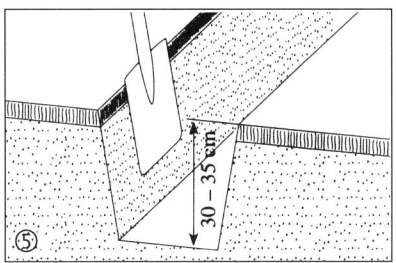

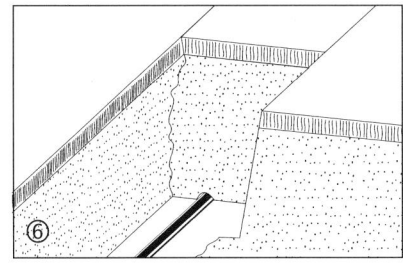

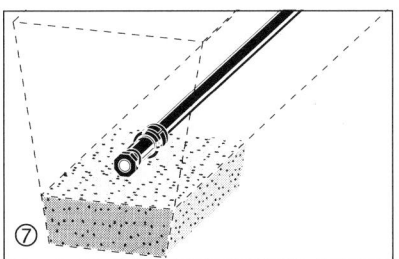

78
Verarbeiten von PE-HD-Rohr für
Erdleitungen.   Quelle: Marley
① Das Rohr wird mit der Schere für Kunststoffrohre oder einer PUK-Säge rechtwinklig auf Länge geschnitten.
② Mit einer Feile wird das Rohr entgratet.
③ Überwurfmuttern der Klemmverbinder
  lockern, das PE-HD-Rohr bis zum Anschlag über den O-Ring schieben, über
  den ersten Widerstand hinaus.
④ Überwurfmuttern handfest anziehen.
  Keine Spezialwerkzeuge erforderlich.
⑤ Bei Verlegung in der Erde einen 30 bis
  35 cm tiefen Graben ausheben. Die
  Grasnarbe vorsichtig von der Erde tren-
  nen.
⑥ Rohr verlegen und Druckprobe machen,
  den Graben wieder zuschütten, Grasnarbe einsetzen und festtreten.
⑦ Am Ende der Rohrleitung wird an der
  tiefsten Stelle in einem Kiesbett ein auto-
  matisches Entleerungsventil eingebaut.
  Fällt der Druck unter 0,4 bar, (beim Ab-
  schalten der Pumpe) öffnet das Ventil
  und die Leitung entleert sich. Eine geson-
  derte Entleerung im Winter ist so nicht
  erforderlich.

79
Kunststoffverschraubungen für die Garten-
leitung.   Quelle: Marley

den. Erst danach kann der Graben, in
dem das Rohr liegt, mit Sand und stein-
freiem Boden verfüllt werden, so dass
die Rohrleitung auch bei Belastung des
Erdbodens nicht beschädigt wird. Um
die Rohre vor Zerstörung bei Frost zu
schützen, muss an einem tiefliegenden
Rohrende eine Entleerungsmöglichkeit
eingebaut werden.

Kennzeichnung von Regenwasseranlagen

Um Verwechselungen mit Trinkwasseranlagen bei der Nutzung, aber auch bei
späteren Umbau- und Reparaturarbei-
ten auszuschließen, wird die Regenwasseranlage an mehreren Stellen deutlich
gekennzeichnet. Üblich sind folgende
Maßnahmen:

der Leitungsdurchmesser großzügig di-
mensioniert werden, damit man am
Ende noch ordentlich mit dem Garten-
schlauch spritzen kann.

Rohre und Fittings werden mit
Klemmverbindern mit eingelegtem O-
Ring verschraubt. Dazu wird die Überwurfmutter der Verschraubung gelok-
kert und das Rohr über den ersten Widerstand hinweg bis zum Anschlag in
die Verschraubung eingeschoben. Nun
wird die Überwurfmutter von Hand
fest angeschraubt und fertig ist die Verbindung. Spezialwerkzeuge werden
nicht benötigt. Auch bei diesen Rohren
sollte die Dichtheit der Verbindungen
mit einer Druckprüfung getestet wer-

- Rohrleitungen im Erdreich und unter Putz werden mit einem Trassenband aus Kunststoff mit der Aufschrift „Kein Trinkwasser" verlegt.
- Aufputz-Regenwasserleitungen werden durch Schilder und farbige Mar-
  kierungen deutlich gekennzeichnet.
  Sinnvoll, da klar zu erkennen, ist die
  Verwendung von Kunststoffrohren
  für Regenwasser und von Metallroh-
  ren für Trinkwasser.
- Jede Zapfstelle wird mit einem
  Schild: „Regenwasser – Kein Trinkwasser" oder einem entsprechenden
  Symbol versehen.
- Im Hausanschlussraum kann in der
  Nähe des Wasserzählers ein Schild
  mit der Aufschrift angebracht werden: „In diesem Haus ist eine Regenwasseranlage installiert, Verbindungen mit der Trinkwasserleitung ausschließen".

- Zapfstellen werden durch Ventile mit abnehmbaren Drehgriffen gesichert, so dass Kinder und Fremde das Regenwasser nicht unbeabsichtigt nutzen beziehungsweise trinken können.
- Im Wohnbereich, im Bad oder in der Küche sollten keine Zapfstellen für Regenwasser sein.

80
Das Trassenband wird zur Kennzeichnung der Regenwasserleitung über dem Rohr verlegt.

Wartung der Anlage

Der Zentralverband Sanitär-Heizung-Klima hat für die Sanitärinstallateure ein Merkblatt herausgegeben, das Hinweise für Planung, Bau, Betrieb und Wartung einer Regenwasseranlage gibt. Darin werden unter anderem Zeitabstände für Inspektion und Reinigung einer Regenwasseranlage empfohlen, die mit Sicherheit ausreichen, um die Funktionsfähigkeit der Anlage zu gewährleisten (Tab. 19).

Bei der eigenen Anlage ist es sinnvoll, die Inspektions- und Reinigungsabstände nach den äußeren Bedingungen zu wählen. Der Hausbesitzer kann beispielsweise beobachten, wie häufig oder selten Laub aus der Dachrinne entfernt werden muss, und die Zeitabstände entsprechend wählen. Bei der Planung sollte bereits darauf geachtet werden, dass möglichst keine wartungsintensiven oder störanfälligen Teile eingebaut werden, also z.B. keine Kies-, Sand- oder Mattenfilter, Gewebefeinfilter, Membrangefäße an den Pumpen oder minderwertige Billigpumpen. Häufige Reinigungen und Reparaturen der Anlage sind nicht nur lästig, sondern verursachen auch Kosten.

Tabelle 19:
Inspektions- und Wartungsabstände bei Regenwasseranlagen.

Inspektions- und Wartungsabstände bei Regenwasseranlagen		
Anlagenteil	Inspektion	Reinigung/Wartung
Dachrinne	alle 2 Monate	2 x jährlich (Frühjahr u. Herbst)
Blättersieb, Laubfangsieb	alle 2 Monate	2 x jährlich (Frühjahr u. Herbst)
Feinfilter	alle 2 Monate	alle 2 Monate
Sammelbehälter	alle 2 Monate	mind. 1 x jährlich
Druckerhöhungsanlage, Pumpe	1 x jährlich	1 x jährlich
Rohrleitungen	1 x jährlich	bei Bedarf
Trinkwasserzulauf	1 x jährlich	bei Bedarf
Rückstausicherung	2 x jährlich	2 x jährlich

83

Um Ablagerungen aus dem Speicher von Zeit zu Zeit entfernen zu können, sind die Tanks zum Teil mit Mannlöchern ausgestattet. Arbeiten im Speicher dürfen jedoch nur durchgeführt werden, wenn eine zweite Person außerhalb des Speichers zur Beobachtung dabei ist, da sich in den Speichern betäubende Faulgase bilden können. Solche Faulgase sind unter Umständen auch explosiv, deshalb sollte beim Öffnen des Speichers nicht geraucht und kein offenes Feuer verwendet werden.

Eine Reinigung des Speichers ist erst dann nötig, wenn es im Tank unangenehm riecht oder wenn die Ablagerungen am Tankboden zu dick geworden sind. Dazu sollte der Speicher so weit wie möglich entleert werden. Die Sedimentschicht kann meist von oben mit einem Schlauch und einer Gartenpumpe abgesaugt werden, da sie feinkörnig und dünnflüssig ist. Eine weitergehende Reinigung ist normalerweise nicht nötig.

Der Überlauf des Speichers

Bei starkem Regen läuft der Speicher schnell voll, das überschüssige Wasser fließt dann durch die Überlaufleitung in den Abwasser- oder Regenwasserkanal oder zum Versickern in einen Schacht oder eine Mulde. Es ist sinnvoll, an die Überlaufleitung einen Geruchverschluss (Siphon) anzuschließen, damit keine

81
Der schräg angeschnittene Überlauf lässt Schwimmstoffe leicht ausspülen. Das Mäusegitter hält die lieben Kleinen fern.
Quelle: Aris

82
Der Rückstausensor im Überlaufrohr schaltet bei Rückstau die Versorgung auf Trinkwasser um.
Quelle: Aris

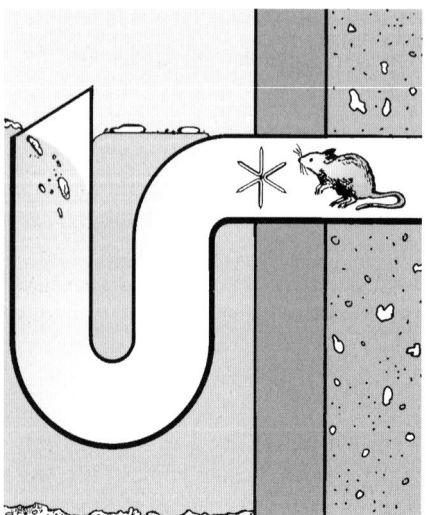

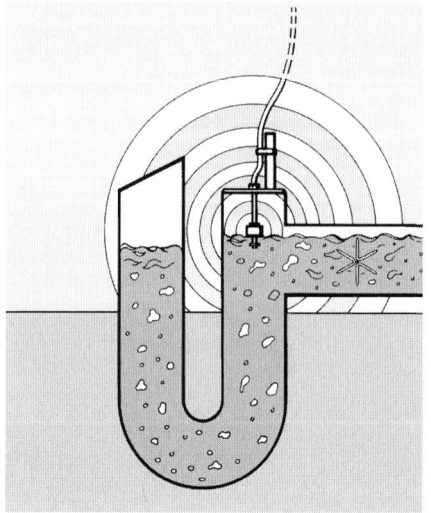

Kanalgase in den Speicher gelangen können. Kanalgase riechen nicht nur unangenehm, sondern sind unter Umständen auch zündfähig.

Der Geruchverschluss besteht aus einem U-förmigen Rohrstück, in dem stets Wasser zurückbleibt und den Rohrquerschnitt abdichtet, so dass die Kanalgase nicht weiter aufsteigen können. Für den Geruchverschluss und die anschließende Leitung zum Kanal reicht bei Ein- bis Zweifamilienhäusern ein Rohrdurchmesser von 100 mm aus. Bei großen Dachflächen muss der Durchmesser der Ablaufleitung entsprechend der anfallenden Wassermenge berechnet werden. Das Material der Rohrleitungen ist wie beim Regenwasserzulauf HT-Rohr, im Erdreich KG-Rohr. Auch die Überlaufleitung muss druckdicht mit Dichtungen verlegt werden, damit das Wasser nicht an unerwünschten Stellen austritt.

Wo zu befürchten ist, dass durch die Regenwasserleitungen Mäuse oder Ratten in den Tank gelangen können, kann ein Mäusestop aus Edelstahl eingebaut werden. Er besteht aus einem groben Gitter und behindert das fließende Wasser unwesentlich.

Sicherheit vor Rückstau

Ein Rückstau aus dem Abwasserkanal kann grundsätzlich nicht ausgeschlossen werden. Deshalb muss bei jedem Anschluss dafür gesorgt werden, dass ein Rückstau nicht zu Überschwemmungen führt und der Regenwasserspeicher nicht mit Fäkalien aus dem

① Filtersammler
② Absperrschieber
③ Zulaufleitung
④ Regenwassernutzungsanlage RWN 1500 A
⑤ Frischwassernachspeisung
⑥ Absperrschieber
⑦ Rohrnetz zu den Verbrauchern
⑧ Überlaufleitung
⑨ Kanal

83

Montage einer Regenwasseranlage oberhalb der Rückstauebene. Der Überlauf hat Gefälle zum Kanal.   Quelle: Wilo

Kanal (bei Mischkanalisation) verschmutzt wird.

Für Abwasseranlagen (und dazu gehört auch die Regenwasserleitung in den Kanal) gibt es in der DIN 1986 Regeln, um Schäden durch Rückstau zu vermeiden. Eine wichtige Regel heißt: Abwasseranlagen dürfen nur oberhalb der Rückstauebene angeschlossen werden. Die Rückstauebene ist die Höhe, bis zu der das Kanalwasser im ungünstigsten Fall zurückstauen kann. In der Regel wird dafür die Straßenoberkante angenommen, die als absolute Sicherheitsgrenze gilt. Abweichungen können

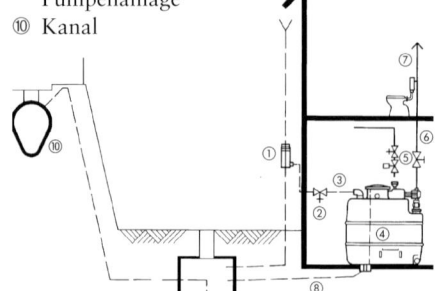

① Filtersammler
② Zulauleitung zur Zisterne
③ Zisterne
④ Sickerschacht
⑤ Saugleitung mit Fußventil
⑥ Wilo-RainSystem AF22
⑦ Füllstands-Niveausensor
⑧ Druckleitung (Rohrnetz zu den Verbrauchern)
⑨ Frischwasseranschluß R 1/2
⑩ Überlaufleitung

① Filtersammler
② Absperrschieber
③ Zulaufleitung
④ Regenwassernutzungsanlage RWN 1500 A
⑤ Frischwassernachspeisung
⑥ Absperrschieber
⑦ Rohrnetz zu den Verbrauchern
⑧ Überlaufleitung
⑨ Sammelschacht mit Pumpenanlage
⑩ Kanal

84
Ansaugen des Regenwassers aus einem Erdspeicher, wobei Pumpe und Nachspeisung oberhalb der Rückstauebene liegen.   Quelle: Wilo

85
Bei einer Installation von Speicher und Pumpe unterhalb des Kanals muss das überschüssige Wasser über einen Pumpenschacht zum Kanal hochgepumpt werden. Quelle: Wilo

in der Ortssatzung festgelegt werden. Tatsächlich liegt die Rückstauebene in den meisten Fällen deutlich tiefer.

Was heißt das nun für die Regenwasseranlage? Wenn der Überlauf des Speichers unterhalb der Rückstauebene liegt, sollte eine Rückstausicherung in die Leitung vom Speicher zum Kanal eingebaut werden. Liegt der Überlauf oberhalb der Rückstauebene, kann darauf verzichtet werden. Häufig weiß man auch aus den örtlichen Gegebenheiten, ob überhaupt ein Rückstau möglich ist, so dass man unter Umständen auch bei Anschlüssen unterhalb der

Rückstauebene auf eine Sicherung verzichten kann. Bei dieser Einschätzung ist aber Vorsicht geboten, da ein Rückstau im Kanal an manchen Orten jahrelang nicht vorkommt und erst bei extremen Niederschlägen oder veränderten Bedingungen – z.B. viele neue Anschlüsse an den Kanal – Kanalwasser in die Hausleitungen drückt. Dann laufen die Keller dort voll, wo die Hausbesitzer leichtsinnigerweise keine Rückstausicherungen eingebaut haben.

Zwei Probleme müssen beim Anschluss der Regenwasseranlage an die Abwasserleitung gelöst werden:

① Filtersammler
② Absperrschieber
③ Zulaufleitung
④ Regenwassernutzungsanlage
   RWN 1500 AU
⑤ Frischwassernachspeisung
⑥ Absperrschieber
⑦ Rohrnetz zu den
   Verbrauchern
⑧ Überlaufleitung
⑨ TMH-Box mit
   Tauchmotor-
   pumpe TM
⑩ Kanal

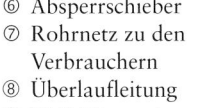
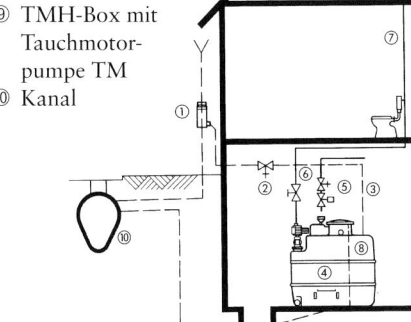

86
Bei einer Installation unterhalb der Rückstauebene wird das Wasser aus einem
Pumpensumpf im Kellerboden zum Kanal
gepumpt.   Quelle: Wilo

- Zum einen darf kein fäkalienhaltiges
  Abwasser vom Kanal durch den
  Überlauf in den Speicher gelangen.
- Zum anderen soll das überschüssige
  Wasser auch bei starkem Regen und
  Rückstau weiterhin abfließen kön-
  nen.

Sichern des Speichers vor Rückstau

Die erste Forderung wird durch Einbau
eines Rückstauverschlusses in die Leitung vom Regenwasserspeicher zum

Kanal erfüllt. Der Rückstauverschluss
hat zwei Klappen, die durch das zum
Kanal fließende Wasser geöffnet werden. Staut das Wasser zurück, schließen die Klappen selbsttätig (Rückstauverschluss), wodurch das Eindringen
von Schmutzwasser in den Speicher
verhindert wird. Eine der beiden Klappen lässt sich auch von Hand schließen.
Diese verschließbare Rückstausicherung ist für gelegentlich genutzte Ab-
flüsse im Keller gedacht, die bei dro-
hender Rückstaugefahr mit der Klappe
sicher abgesperrt werden können. Bei
der Verwendung in der Regenwasseranlage muss die absperrbare Klappe
immer geöffnet bleiben, damit das Regenwasser auf jeden Fall abfließen
kann. Die zweite Klappe vergrößert lediglich die Betriebssicherheit der Rückstausicherung.

Der Rückstauverschluss sollte mindestens zweimal jährlich überprüft und
gereinigt werden; andernfalls können
Ablagerungen an den Dichtungen dazu
führen, dass er im Notfall nicht richtig
schließt.

Es gibt beim Rückstauverschluss verschiedene Bauformen:

- für den Einbau in eine durchgehende
  Rohrleitung,
- für den Einbau in die Bodenplatte
  des Kellers,
- ein Schachtsystem für den Einbau in
  das Erdreich,
- ein Schacht mit eingebauter elektrischer Pumpe, die das Wasser über
  die Rückstauebene hebt.

Neben der Regenwasserleitung sind
auch alle Leer- und Schutzrohre, die
z.B. für elektrische Leitungen oder für

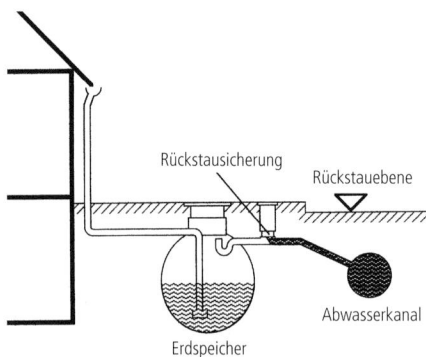

87
Der Rückstauverschluss verhindert, dass
Schmutzwasser aus dem Kanal in den
Speicher drückt.

die Trinkwassernachspeisung ins Haus
führen, gegen Rückstau zu sichern. Die
Leerrohre müssen deshalb druckdicht
verlegt werden, wofür in der Regel die
im HT-Rohr eingebauten Dichtungen
ausreichen. Damit kein Wasser durch
solche Rohre in das Gebäude dringt,
werden sie im Haus entweder mit einem Deckel oder einer Dichtung verschlossen oder bis über die Rückstauebene geführt – die elektrischen Leitungen können von dort aus angeschlossen
werden. Leerrohre sollten Gefälle zum
Speicher hin haben, damit eingedrungenes Wasser wieder abfließen kann.

Abfließen des Wassers
bei Rückstau

Bei einem Rückstau aus dem Kanal
fließt überschüssiges Regenwasser –
und Abwasser aus dem Haus – nur ab,
wenn der Wasserstand in den Abfluss-
leitungen über die Rückstauebene steigt
(Abb. 88). Durch einen höheren Was-

serstand in den Leitungen entsteht dort
nämlich ein höherer Druck als im Kanal. Durch diesen Überdruck werden
die Klappen der Rückstausicherung geöffnet, bis die Wasserstände ausgegli-
chen sind. Sinkt der Wasserstand in den
Leitungen bis auf die Höhe der Rückstauebene ab, schließen die Klappen
wieder, um ein Rückfließen zu verhindern. Wenn die Oberkante des Speichers unterhalb der Rückstauebene
liegt, muss die Abdeckung des Regenwasserspeichers druckdicht verschraubt
werden. Auch Regenwasserfilter, die
unterhalb der Rückstauebene eingebaut
werden, müssen druckdicht verschlossen werden.

Zur Verbesserung der Betriebssicherheit kann im Regenwasserspeicher etwa
5 cm oberhalb des Überlaufsyphons
eine Sonde eingebaut werden, die bei
einem Rückstau ein Signal auslöst, beispielsweise mit einem Summer oder einer Hupe. Bei Nachspeiseeinrichtungen
mit Pufferspeicher kann über diese Sonde auch das Magnetventil der Trinkwassernachspeisung gesteuert werden,
so dass während eines Rückstaus sauberes Trinkwasser in die Regenwasseranlage eingespeist wird.

Im Falle eines Rückstaus kann sich
bei Kellerspeichern unter Umständen in
den Leitungen und im Speicher innerhalb des Hauses Druck aufbauen, was
bei Undichtigkeit zur Überflutung der
Kellerräume führt. Um dies zu verhindern, erscheint es häufig angebracht,
das Wasser aus dem Überlauf des Regenwassertanks mittels Hebeanlage
über die Rückstauebene zu fördern.
Dafür bieten sich mehrere Lösungs-
möglichkeiten an:

- Einbau einer Tauchpumpe im Speicher, die durch einen Schwimmerschalter eingeschaltet wird und das überschüssige Wasser über die Rückstauebene in den Kanal fördert.
- Einleiten des überlaufenden Wassers in einen Pumpensumpf, aus dem die Tauchpumpe fördert.

Die Tauchpumpe kann dabei in einem Pumpenschacht außerhalb des Hauses eingebaut werden; es gibt aber auch Komplettlösungen, die aus einem Kunststoff-Sammelschacht mit Tauchpumpe und Schalteinrichtung bestehen. Dieser Schacht kann je nach Bauform in der Bodenplatte des Kellers eingebaut oder frei aufgestellt werden.

Die Hebeanlage ist auf jeden Fall erforderlich, wenn der Überlauf des Speichers unterhalb des Abwasserkanals liegt. Zusätzlich zur Hebeanlage ist dann auch eine Überwachung des Was-

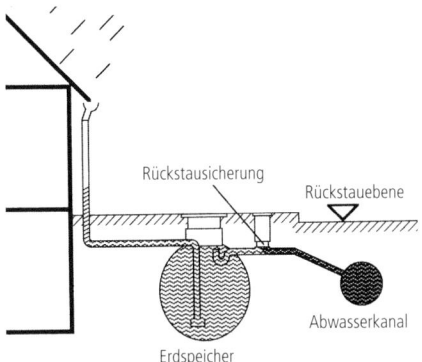

Rückstausicherung

Rückstauebene

Abwasserkanal

Erdspeicher

88
Trotz Rückstau kann das Regenwasser ablaufen, wenn es im Speicherzulauf oberhalb der Rückstauebene steht.

serstands im Pumpensumpf sinnvoll, weil die Erfahrung gezeigt hat, dass jede Pumpe einmal den Dienst verweigert.

Anlagenkosten - ein Überblick

Bei aller Begeisterung für die Regenwassernutzung ist es sinnvoll, sich über die Kosten im Klaren zu sein. Eine realistische Kostenrechnung geht bei den heutigen Wasser- und Abwasserpreisen in der Regel ungünstig für die Regenwassernutzung aus, auch wenn die Hersteller solcher Anlagen vollmundig Einsparungen versprechen. Wer sich trotzdem für eine Regenwasseranlage

entscheidet, muss seine Bemühungen um Umweltschutz und das Vergnügen an der Regenwassernutzung als Argumente mit einbeziehen.

Genaue, für längere Zeit gültige Preisangaben für Regenwasseranlagen können in einem Buch verständlicherweise nicht gemacht werden. Überschlägig kann man mit folgenden Materialkosten rechnen:

Einfache Anlage für die Garten-
bewässerung,
bestehend aus: Regenwasserklappe,
Filtertopf, 2000 l Erdtank, Ansauggarnitur, elektrische Saugpumpe mit
Schlauchanschluß: 1.200,- €

Anlage mit Erdspeicher für WC und
Waschmaschine,
bestehend aus: Filterschacht, 3000 l
Erdtank, Ansauggarnitur, elektrische
Saugpumpe mit Druckautomat und
Trockenlaufschutz, Trinkwassernach-
speisung: 2.500,- €

Anlage mit Kellerspeicher für WC und
Waschmaschine,
bestehend aus: Fallrohrsammler, Kel-
lertank mit Erweiterungstank, insge-
samt 3000 l, Ansauggarnitur, elektrische Saugpumpe mit Druckautomat
und Trockenlaufschutz, Trinkwassernachspeisung: 2.000,- €

Zu diesen Materialkosten kommen
noch die Aufwendungen für Erd-, Mau-
rer- und Installationsarbeiten hinzu, sofern sie nicht vom Heimwerker selbst
übernommen werden. Zusätzlich entstehen Kosten für die Trinkwasserleitung, für die Regenwasserleitung im
Haus sowie für den Regenwasserzulauf
und den Überlauf. Diese Kosten müssen individuell ermittelt werden, da der
Arbeits- und Materialaufwand für diese
Leitungen von Fall zu Fall unterschiedlich ist.

Für die Ermittlung der Rentabilität
müssen neben den Anschaffungs- auch
die Betriebs- und Wartungskosten den
Einsparungen gegenübergestellt werden. Tabelle 20 zeigt ein Beispiel für
eine überschlägige Kosten-Nutzen-Auf-
stellung.

Kosten-Nutzen-Rechnung für eine Regenwasseranlage.		
Aufwand		**Nutzen**
Materialkosten und Installation durch Fachfirma (abhängig von Ausstattung und Speichergröße): 4000,- €		Trinkwassereinsparung bei Nutzung durch 2 bis 3 Personen: 60 m³/a
Kosten-Nutzen-Rechnung pro Jahr:		
Betriebskosten:	30,- € /a	
Wartung und Instandsetzung:	60,- € /a	
Abschreibung (40 Jahre):	100,- € /a	
Jährliche Gesamtkosten : (ohne Zinsen für eingesetztes Kapital)	**190,- € /a**	Jährliche Gebührenersparnis: 150 bis 300,- € /a

Tabelle 20: Kosten- und Nutzenrechnung für eine Regenwasseranlage.

Sammeln in der Regentonne

Die am weitesten verbreitete Methode, Regenwasser zu speichern, ist das Sammeln in der Regentonne. Sie wird in unzähligen Gärten genutzt. Auch wenn die Methode einfach ist, gibt es mittlerweile viele technische Lösungen, welche die Nutzung des Regenwassers erleichtern.

Aufgefangen wird das Wasser häufig mit einer Regenwasserklappe im Fallrohr, von dort fließt es dann direkt in das Sammelfass. Günstiger ist jedoch der Einbau eines *Regenwassersammlers* (Abb. 93, bzw. 96) in das Fallrohr. Von ihm führt ein Schlauchanschluss direkt in die Tonne. Die Regentonne kann bei dieser Ausführung nicht überlaufen, da das überschüssige Wasser gleich im Fallrohr abfließt, wenn der Wasserstand in der Tonne genauso hoch ist wie im Regenwassersammler. Da die Anforderungen an die Reinheit des Wassers bei der Gartenbewässerung nicht besonders hoch sind, kann auf die Filterung des Regenwassers verzichtet werden. Ein Laubfang in der Dachrinne reicht aus, um grobe Verunreinigungen abzuhalten.

Selbstreinigende Wassersammler mit Filter und Überlaufstopp können ebenfalls eingesetzt werden. Für den Winterbetrieb sind diese jedoch ungeeignet, da sie nicht frostsicher sind. Selbstverständlich kann auch der Filtersammler im Fallrohr eingebaut werden, der bereits im Kapitel „Reinigen mit Filtern" beschrieben wurde (Abb. 94). Dieser Filter wird mit einem Anschlussstutzen mit Schlauchverschraubung ausgerü-

89
Auch aus der Regentonne lässt sich mit der Gartenpumpe Regenwasser fördern.
Quelle: Gardena

90
Zur Vermeidung von Algenbildung sollte die Tonne mit einem Deckel verschlossen werden.   Quelle: Gardena

91
Miteinander verbundene Regentonnen. Das Wasser steht in beiden Tonnen gleich hoch. Quelle: Graf

92
Mit dem Klarsichtschlauch kann das Regenwasser aus dem Behälter leicht entnommen werden. An dem Schlauch lässt sich außerdem der Füllstand der Tonne ablesen. Quelle: Graf

stet, an den der Füllschlauch für die Tonne befestigt werden kann. In die Tonne wird ein Schwimmerventil eingebaut, um ein Überlaufen bei längeren Regenfällen zu verhindern. Der Filtersammler leitet überschüssiges Wasser nämlich nicht wie der Regenwassersammler in das Fallrohr ab. Bei der Verwendung eines Regenwassersammlers wird ebenfalls ein Schwimmerventil in der Tonne benötigt, wenn sie vom Fallrohr weiter entfernt oder tiefer als der Sammler steht.

Als Regentonnen können eine Vielzahl unterschiedlicher Behälter verwendet werden: Vom ausgedienten Heringsfass mit 80 l Inhalt bis zum großen, rechteckigen Sammelbehälter mit 1000 l Inhalt werden die unterschiedlichsten Modelle angeboten. Wenn ein einzelner Behälter nicht groß genug ist, können mehrere Behälter mit Schläuchen miteinander verbunden und dadurch auch große oberirdische Speichervolumina realisiert werden. Die Regenwasserspeicher im Handel bestehen durchweg aus PE. Wenn Durchbrüche für Rohrleitungen oder Verbindungen benötigt werden, lassen sie sich problemlos mit der Stich- oder der Lochsäge herstellen.

Eine Regentonne sollte möglichst im Schatten aufgestellt werden. Auch ohne direkte Sonneneinstrahlung wird das Wasser in einer Gartentonne im Sommer recht warm, so dass gute Bedingungen für die Vermehrung von Keimen gegeben sind. Aus diesem Grund empfiehlt es sich, die Tonne immer wieder vollständig zu entleeren und das Wasser vor allem bei warmem Wetter nicht zu lange zu lagern.

Lästig können auch Algen werden, die sich bei Lichteinwirkung im Regenwasser entwickeln. Um die Algenbildung weitgehend zu vermeiden, muss der Behälter aus lichtundurchlässigem Material bestehen und unbedingt mit einem Deckel verschlossen werden. Zum Winter hin müssen oberirdische Behälter ebenso wie Armaturen und Schläuche entleert werden, da sie beim Gefrieren des gespeicherten Wassers reißen können.

Praktisch ist es, im unteren Bereich der Tonne einen Hahn einzubauen, aus dem das Wasser entnommen werden kann. Für den Hahn kann man an fast beliebiger Stelle ein Loch bohren und ihn mit einer Tankverschraubung in die Behälterwand einsetzen. Ebenso gut lässt sich – ohne Hahn – mittels Schlauchstutzen ein Wasserschlauch anschließen. Das offene Schlauchende wird leicht lösbar oberhalb des Speichers befestigt. Zur Wasserentnahme wird das Schlauchende gelöst und nach unten z.B. in die Gießkanne gehalten.

Sehr komfortabel ist die Entnahme des Wassers mittels Tauchpumpe oder Gartenpumpe, sofern elektrischer Strom zur Verfügung steht. Auf diese Weise kann das Regenwasser mit Druck in jede beliebige Ecke des Gartens gefördert werden.

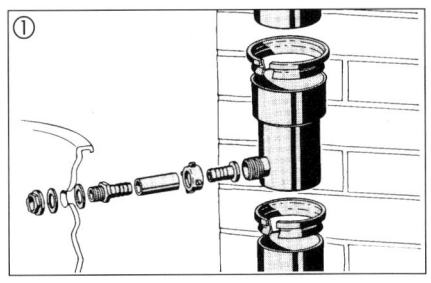

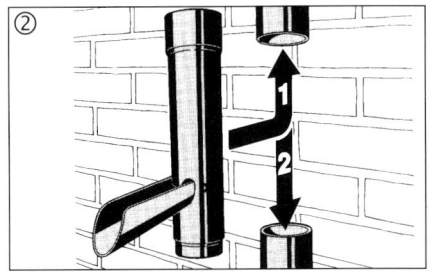

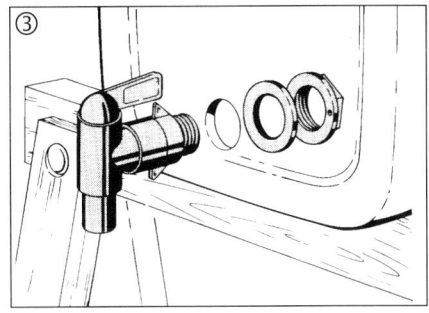

93
So wird das Regenfass angeschlossen.
Quelle: Marley
① Einbau des Regensammlers in das Fallrohr.
② Das Regenwasser kann auch mit einer Regenklappe in das Fass geleitet werden.
③ Ein Wasserhahn mit Dichtungssatz wird in das Fass eingebaut.
④ Mit einem ¾" Schlauchanschlußstutzen können mehrere Regenfässer durch Schläuche verbunden werden.

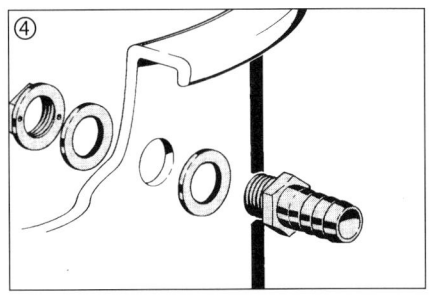

94
Der Fallrohrfilter kann
auch für die Regentonne
verwendet werden, dazu
wird er mit einem Schlauchstutzen ausgerüstet.

95
Das Schwimmerventil am Zulauf-
schlauch verhindert, dass die Tonne
überläuft.

Quelle aller Abb.: Beckmann

96
Der Füllautomat mit
Schmutzwasserablauf
regelt den Zulauf zur
Tonne selbsttätig.

Regenwassernutzung und -bewirtschaftung

Das Regenwasser von versiegelten Flächen wird heute in der Regel über Regenwasserkanäle direkt oder über
Mischwasserkanäle und Kläranlagen
indirekt schnell und wenig nutzbrin-
gend in die Bäche und Flüsse abgeleitet.
Dadurch geht es für den natürlichen
Wasserhaushalt weitgehend verloren.
Gleichzeitig verursacht der Bau von
Kanälen, Klärwerken und Regenrück-
haltebecken hohe Kosten, die über die
Wasser- und Abwassergebühren die
Allgemeinheit belasten. Sinnvoller als
diese direkte Ableitung des Regenwassers ist eine Regenwasserbewirtschaftung, bei der das Regenwasser sowohl
genutzt, als auch auf ökologisch ver-
trägliche Art in den Wasserkreislauf zu-
rückgeführt wird. Drei Pfade der Regenwasserbewirtschaftung sind möglich:

• *Nutzung des Regenwassers für be-
stimmte Anwendungen*
Beispiele für die Regenwassernutzung werden in diesem Buch beschrieben, weitere Anwendungen
wie z.B. die gewerbliche Nutzung
sind möglich.

• *Direkte Ableitung des Regenwassers
in einen Vorfluter*
Da nur wenige Grundstücke an einem Bach oder Fluss liegen, ist die
direkte Ableitung des Regenwassers
in einen Vorfluter nur eine Lösung
für Einzelfälle. Dabei können ökolo-

gische Probleme auftreten, da nicht kontrolliert werden kann, ob Schadstoffe in das Gewässer mit eingeleitet werden. Die direkte Ableitung muss von der unteren Wasserbehörde genehmigt werden.

- *Versickerung vor Ort*
  Wo die Art des Bodens und die Lage des Grundstücks es ermöglicht, ist die Versickerung vor Ort eine gute Lösung, weil auf Regenwasserkanäle und Rückhalteeinrichtungen verzichtet werden kann und die Bildung von Grundwasser trotz weitgehender Oberflächenversiegelung gefördert wird. Durch die Versickerung werden die Abwasserkosten verringert, wird das Grundwasserangebot für die Trinkwassergewinnung stabilisiert und ein Beitrag zum vorbeugenden Hochwasserschutz geleistet.

Die Versickerung steht nicht im Gegensatz zur Nutzung des Regenwassers und behindert diese nicht. Sie kann die Nutzung sogar ergänzen, indem das überschüssige Wasser in eine Versickerungseinrichtung geführt wird. Gerade das Zusammenspiel von Nutzung und Versickerung kennzeichnet den ökologisch sinnvollen „Umgang mit Regenwasser". In Tabelle 21 werden Argumente für die Nutzung und Versickerung von Regenwasser aufgeführt.

Die Versickerung bietet auch Kostenvorteile gegenüber der bisher üblichen Ableitung des Regenwassers. Kostenvergleiche in Neubaugebieten zeigen, dass die Baukosten bei Ersatz des Regenwasserkanals durch eine Regenwasserversickerung etwa halb so groß sind. In den dabei veranschlagten Aufwendungen für die Versickerung sind Pflege und Unterhalt der Begrünung der Versickerungsflächen enthalten. Diese

---

Argumente für die Regenwassernutzung und Regenwasserversickerung

Versickerung ist möglich und sinnvoll bei:
- versickerungsfähigen Böden
- günstiger Geländeform
- geringem Kostenaufwand
- Grundwassermangel

Regenwassernutzung ist sinnvoll bei:
- großem Bedarf an Wasser, das nicht Trinkwasserqualität haben muss
- regionaler Trinkwasserknappheit

Tabelle 21:
Argumente für die Regenwassernutzung und Regenwasserversickerung.

Tabelle 22:
Eigenschaften der verschiedenen Versickerungsarten im Vergleich.

Eigenschaften der verschiedenen Versickerungen im Vergleich				
	Flächen-versickerung	Mulden-versickerung	Rohr-versickerung	Sicker-brunnen
Flächenbedarf	groß	mittel	klein	klein
Herstellungsaufwand	gering	gering	groß	groß
erforderl. Wasserdurchlässigkeit	groß	mittel	mittel	mittel
Pflegeaufwand	wenig	wenig	wenig	mittel
Kosten	niedrig	niedrig	hoch	hoch

Arbeiten können bei individuellen Lösungen auf dem hauseigenen Grundstück vom Grundstückseigentümer durchgeführt werden.

Soll das überschüssige Regenwasser nicht in die Kanalisation geleitet werden, muss auf dem Grundstück eine ausreichend dimensionierte Versickerung angelegt werden. Verschiedene Verfahren sind möglich, wobei im Einzelfall zu prüfen ist, welche unter den individuellen örtlichen Bedingungen sinnvoll und realisierbar sind:

- Flächenversickerung,
- Versickerung in Mulden und Rigolen,
- Rohrversickerung,
- Versickerung im Versickerungsschacht.

Flächenversickerung

Dabei wird das Niederschlagswasser oberflächig möglichst gleichmäßig auf eine Sickerfläche verteilt, die für andere Zwecke kaum genutzt werden kann. Der Flächenbedarf für die Versickerung ist groß und beträgt mindestens 30% der Regenauffangfläche. Der Boden sollte sand- oder kieshaltig sein, damit er für Wasser leicht durchlässig ist.

Das Regenwasser von den Fallrohren oder aus dem Überlauf der Zisterne kann durch ein Rohrstück oder über eine gepflasterte Rinne auf die Sickerfläche geleitet werden. In der unmittelbaren Nähe eines Hauses sollte kein Wasser versickert werden, da die erhöhte Bodenfeuchte und ein höherer Grundwasserstand hier unter Umständen Schwierigkeiten bereiten.

Muldenversickerung und Rigolen

Die Muldenversickerung wird zur Regenwasserbewirtschaftung häufig genutzt. Die Größe der Sickerfläche muss etwa 10% der Regenauffangfläche betragen. Das Wasser wird wie bei der Flächenversickerung in der belebten Bodenzone auf natürliche Weise gereinigt und gelangt in guter Qualität in den Untergrund. Die Mulde wird eben und möglichst ohne Gefälle angelegt, damit sich das eingeleitete Wasser gleichmäßig verteilt. Der Boden muss gut durchlässig sein, um einen Wasserstau zu vermieden. Die Mulde sollte zwischen 10 und 30 cm tief sein. Ihr Volumen (Tab. 23) ist in Abhängigkeit von Dachfläche und Durchlässigkeit des Bodens möglichst so groß zu wählen, dass auch große Niederschlagsmengen nicht zum Überlaufen der Mulde führen. Wo der Platz für eine genügend große Mulde nicht ausreicht, kann das überlaufende Wasser von der Versickerungsmulde auch in einen Teich oder Bach weitergeleitet werden.

Ist der Boden nicht ausreichend aufnahmefähig (z.B. bei Schluffböden), kann das Wasser auch in künstlich angelegten Kies- oder Schotterkörpern mit hoher Aufnahmefähigkeit gespeichert werden. Solche Speicher nennt man Rigolen. Eine Rigole ist mit einem verrottungsfesten Vlies (Geotextil) ummantelt, das feine Bestandteile des umgebenden Bodens aus dem Kies- oder Schotterkörper fernhält. Ein Drainagerohr verteilt das Wasser in der Rigole oder leitet es ab, wenn es nicht mehr aufgenommen werden kann. Das überschüssige Regenwasser versickert in fla-

chen, grasbewachsenen Oberflächen-
mulden. Ein Mulden-Rigolen-System
ist somit eine Kombination aus Versik-
kern, Speichern und Ableiten.

Ein Mulden-Rigolen System kann
dadurch auch bei weniger durchlässi-
gem Boden große Wassermengen aufnehmen und versickern. Die Durchlässigkeit des Bodens ist entscheidend für
die Dimensionierung und Gestaltung
der Mulden und Rigolen. In Tabelle 25
sind die Bodenarten Sand, Schluff und
Ton und die davon abhängigen Versik-
kerungszeiten aufgeführt. In Sandböden
versickert das Regenwasser in kurzer
Zeit, hier kann man auf Rigolen zur
Speicherung verzichten. Bei besonders

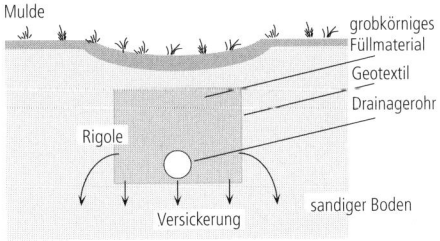

97
Bei der Muldenversickerung wird das
Regenwasser in eine flache, begrünte
Bodenvertiefung geleitet, in der es langsam
in den sandigen Untergrund versickern
kann.

Was passiert bei ...

... ungewöhnlich starken Regen-güssen?

Ein in die Rigole eingebautes Drainagerohr soll Regenwasser, das nicht
versickern kann, in einen Vorfluter
oder das Kanalsystem ableiten.

... gefrorenem Boden?

In den Mulden kann Regenwasser bis
etwa 15 cm Höhe gespeichert werden. Das reicht meist aus, um
Schmelz- oder Regenwasser so lange
zurückzuhalten, bis der Boden wieder
aufgetaut ist.

... belastetem Untergrund?

Durch versickerndes Wasser können
Schadstoffe aus dem Boden ausgewa-
schen und bis in den Vorfluter oder in
das Grundwasser transportiert werden. Bei schadstoffbelasteten Böden
ist das Mulden-Rigolen-System deshalb weniger gut geeignet.

98
Das Mulden-Rigolen-System im Querschnitt.

Bemessung des Volumens der Versickerungsmulde	
Untergrund	Volumen je 100 m^2 angeschloss. Dachfläche
Grobsand	2m^3
Feinsand	3m^3
schluffiger Sand	4m^3

Tabelle 23:
Bemessung des Volumens der
Versickerungsmulde.

schwer durchlässigen, beispielsweise stark tonhaltigen Böden ist meist keine vollständige Versickerung möglich. Ein Teil des Wassers muss in solchen Fällen abgeleitet werden. Die Vorteile des Mulden-Rigolen-Systems sind:

- Beim Durchgang des Wassers durch die oberen Bodenschichten wird das Wasser gefiltert, ein Teil der Verschmutzungen kann biologisch abgebaut werden.
- Das Regenwasser trägt zur Grundwasserneubildung bei.
- Die Ableitung des Regenwassers wird verzögert, wodurch das Hochwasser in Vorflutern und Flüssen vermindert wird.

Rohrversickerung

Bei der Rohrversickerung werden Drainagerohre unterirdisch verlegt, aus denen das Regenwasser in das umgebende Erdreich sickern kann. In den Rohren kann nur eine kleine Menge Wasser zwischengespeichert werden. Die Rohrversickerung ist deshalb auch nur in gut durchlässigen Böden sinnvoll. Die Sikkerrohre werden vom Speicher aus mit leichtem Gefälle (etwa 0,5 cm/m) verlegt, damit eindringendes Bodenwasser abgeleitet wird. Der Überlauf einer Rohrversickerung kann auch an einen Kanal angeschlossen oder in einen Graben oder Bach abgeleitet werden, um das nicht versickerte Wasser sicher abzuleiten. Die Rohrversickerung eignet sich besonders für den Überlauf von Zisternen im Erdreich.

Versickerungsschacht

Versickerungsschächte oder -brunnen werden von denselben Herstellern angeboten, die auch Schachtzisternen liefern, und bestehen wie diese aus Beton

99
Bei der Rohrversickerung fließt das überschüssige Regenwasser aus dem Speicher in perforierte Rohre, durch die es in das Erdreich versickert. Dieses System ist besonders geeignet, um den Überlauf aus Zisternen zu versickern.

100
Der Sickerbrunnen ist nach unten offen. In den Brunnen wird eine Sandschicht als Filterzone eingebracht. Der Abstand zwischen Oberkante der Sandschicht und Grundwasser sollte mindestens 1,5 m betragen.

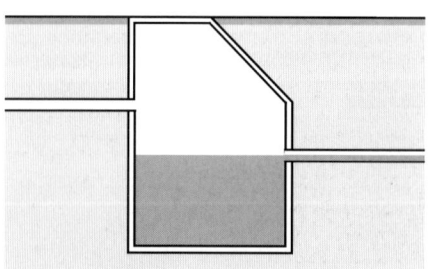

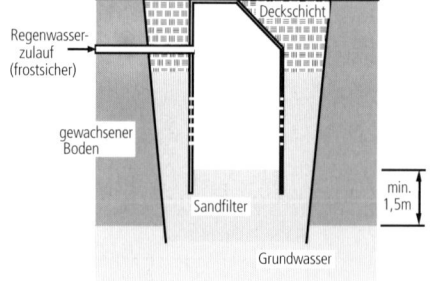

oder Kunststoff. Sie ermöglichen eine Speicherung des Wassers bei starken Regenfällen und geben es langsam in das umgebende Erdreich ab. Zur Erhöhung der Sickerleistung können sie mit einer Rohrversickerung kombiniert werden.

Die Sickerleistung

Die Versickerung von Regenwasser erfordert eine ausreichende Durchlässigkeit des Erdreichs. Die Durchlässigkeit hängt von der Korngröße und Verteilung der Partikel ab und wird durch den k_f-Wert (Durchlässigkeitsbeiwert) ausgedrückt. Böden haben üblicherweise einen k_f-Wert von 10^{-2} bis 10^{-10} m/s. Zur Versickerung geeignete Böden müssen einen k_f-Wert von mehr als $5 \cdot 10^{-6}$ m/s aufweisen. Im Zweifelsfall muss der k_f-Wert eines Bodens durch Sickerversuche vor Ort bestimmt werden.

Bei gegebener Größe hängt die Leistungsfähigkeit eines Sickerschachts wesentlich von der Bodenart ab. Bei der Festlegung der Größe nimmt man üblicherweise in Kauf, dass der Schacht bei extremen Regenfällen das anfallende Wasser nicht vollständig fassen kann und überläuft. Tabelle 24 gibt die anschließbaren Sammelflächen für unterschiedlich große Sickerschächte eines Herstellers an.

Die Versickerungsleistung ist aber nicht nur von der Bodenart, sondern auch von der Verdichtung des Bodens abhängig. Vor allem bei Bauarbeiten mit schweren Fahrzeugen kann selbst ein Sandboden so stark verdichtet werden, dass er fast undurchlässig wird. Es ist deshalb sinnvoll, vor dem Einbau eines Versickerungssystems die Sickerleistung des Bodens mit einem einfachen Test zu prüfen.

Dazu wird mit dem Spaten eine Grube mit einer Fläche von 50 mal 50 cm =

101
Grube für den Sickertest mit markiertem Pfahl zur Wasserstandskontrolle.

102
Überschlägige k_f-Werte verschiedener Bodenarten. Versickern ist in Böden mit einem k_f-Wert von mehr als $5 \cdot 10^{-5}$ möglich.

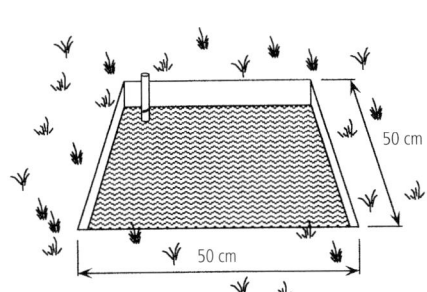

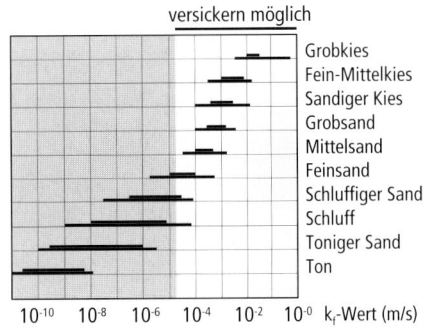

versickern möglich

Grobkies
Fein-Mittelkies
Sandiger Kies
Grobsand
Mittelsand
Feinsand
Schluffiger Sand
Schluff
Toniger Sand
Ton

10^{-10} 10^{-8} 10^{-6} 10^{-4} 10^{-2} 10^{-0} k_f-Wert (m/s)

Leistung verschiedener Sickerschächte der Fa. Rewatec			
Bodenart	anschließbare Fläche in m²		
Bezeichnung	k_f-Wert in m/s	1400 l Schacht	1700 l Schacht	2000 l Schacht
Feinkies	$5 \cdot 10^3$	325	445	600
Sandiger Kies	$1 \cdot 10^3$	135	175	220
Grobsand	$5 \cdot 10^4$	105	135	170
Mittelsand	$1 \cdot 10^4$	70	90	110
Feinsand	$5 \cdot 10^5$	65	80	100
Schluffiger Sand	$1 \cdot 10^5$	55	70	85
Sandiger Schluff	$5 \cdot 10^6$	54	68	83

Tabelle 24:
Leistung verschiedener Sickerschächte (= anschließbare Dachfläche) der Fa. Rewatec in Abhängigkeit von der Bodenart bei einer Regenwasserspende von 125 l/s · ha.

Dauer der Versickerung bei unterschiedlichen Bodenarten.			
	Sand	Schluff	Ton
k_f-Wert	10^4	10^6	10^7
Versickerungsdauer*	3 Std.*	12 Tage*	115 Tage*
Bewertung der Versickerungs-möglichkeit	gut	Zwischenspeicherung notwendig	Zwischenspeicherung notwendig, eventuell Flächenvergrößerung und Ableitung

* für eine Wassersäule von 1000 mm

Tabelle 25:
Dauer der Versickerung bei unterschiedlichen Bodenarten.

0,25 m² und einer Tiefe von etwa 30 cm ausgehoben. Die Grube darf nicht betreten werden, um eine Bodenverdichtung zu vermeiden. In die Grube wird eine dünne Kiesschicht (oder scharfer Mauersand) eingebracht, die ein Aufwirbeln des Bodens beim Befüllen mit Wasser verhindert. In den Grubenboden wird ein kleiner Pfahl eingeschlagen, auf dem eine Markierung in etwa 10 cm Höhe über dem Grubenboden angebracht wird. Dann wird vorsichtig Wasser eingefüllt und nach Bedarf etwa 2 Stunden lang nachgefüllt, damit die Erde ausreichend gewässert ist.

Jetzt beginnt die Messung: Die Grube wird bis zur Markierung am Pfahl mit Wasser gefüllt und 10 Minuten lang mit einem Messbecher so viel Wasser nachgeschüttet, dass der Wasserstand in Höhe der Markierung bleibt. Die nachgefüllte Wassermenge steht in einem bestimmten Verhältnis zur Durchlässigkeit des Bodens. Überschlägig gilt:

- 1,5 l Wasser/ 10 Minuten entspricht einem k_f-Wert von 10^{-5} (Schluffiger Sand)
- 7,5 l Wasser/ 10 Minuten entspricht einem k_f-Wert von $5 \cdot 10^{-5}$ (Feinsand)
- 15 l Wasser/ 10 Minuten entspricht einem k_f-Wert von 10^{-4} (Mittelsand)

Diese Messung wird mehrmals wiederholt, bis sich ein einigermaßen gleichbleibender Wert ergibt. Zugegeben, diese Messung ist nicht ganz genau, sie gibt aber eine gute Einschätzung der Durchlässigkeit eines Bodens.

Zum Versickern von Regenwasser ist eine Zustimmung der Wasserbehörde erforderlich, wenn es in das Grundwasser oder in ein Oberflächengewässer eingeleitet wird. Für die Oberflächenversickerung des Niederschlags auf der belebten Bodenzone ist keine Zustimmung erforderlich. Die Flächenversickerung ist also genehmigungsfrei, da das Wasser auf natürliche Weise versickert.

Bei der Muldenversickerung sind sich die Fachleute nicht ganz einig. Einerseits handelt es sich bei einer Versickerungsmulde um ein technisches Bauwerk, andererseits versickert das Wasser ebenfalls auf natürliche Weise. Es ist davon auszugehen, dass das Versickern in Mulden, an denen lediglich ein Regenwasserfallrohr angeschlossen ist, nicht wasserrechtlich genehmigt werden muss.

Die Rigolenversickerung ist dagegen ebenso genehmigungspflichtig wie das Versickern in einem Schacht, da das Wasser bei beiden Systemen in den Untergrund abgeleitet wird.

Anschriften von Herstellern und Lieferanten

Alko Geräte GmbH,
Ichenhausener Str. 14, 89459 Kötz
☎ 08221/97315, ☒ 08221/97316
Pumpen, Regenwasseranlagen

Allweiler AG,
Allweilerstr. 1, 78315 Radolfzell
☎ 07153/991087, ☒ 07153/991020
Pumpen und Zubehör

ARIS,
Am Ostring 18, 73269 Hochdorf
☎ 07153/55161, ☒ 07153/55165
Regenwasseranlagen

ASP GmbH & Co. KG,
Silcherstr. 6, 68789 St. Leon Rot
☎ 06227/540-60, ☒ 06227/540-62
Regenwasseranlagen, Software

August Beul Armaturen,
Postfach, 57439 Attendorn
Armaturen und Geräte für die Garten-bewässerung

AWK, Guß- und Armaturwerk,
Hohenecker Str. 5, 67653 Kaiserslautern
☎ 0631/2011-110, ☒ 0631/2011-355
Regenwasseranlagen

Chemowerk GmbH,
Postfach 5160, 71376 Weinstadt
☎ 07151/9636-0, ☒ 07151/963699
Regenwasseranlagen aus GFK

Conrad Electronic,
Klaus-Conrad-Str. 1, 92240 Hirschau
☎ 0180/5312111, ☒ 0180/5312110
Regenwasseranlagen

Cordes & Graefe,
Postf. 106509, 28065 Bremen
☎ 0421/8998-0, ☒ 0421/8998-169
Großhandel für Haustechnik, Regenwasseranlagen

Dehoust GmbH,
Gutenbergstr. 5-7, 69181 Leimen
☎ 06224/97020, ☒ 06224/970270
Regenwasserspeicher aus Kunststoff, Software

Doyma GmbH&Co;
Postfach 1163, 28871 Oyten
☎ 04207/9166-0, ☒ 04207/9166-199
Wanddurchführungen

fbr, Fachvereinigung Betriebs- und Regenwassernutzung e.V.,
Havelstr. 7A, 64295 Darmstadt
☎ 06151/339257, ☒ 06151/339258
Fachverband für Hersteller und Anlagen-bauer

Friatec AG,
Postfach 710261, 68222 Mannheim
☎ 0621/486-1913, ☒ 0621/486-1765
Kunststoff-Trinkwasserleitungen

Gardena,
Hans-Lorenser-Str. 40, 89079 Ulm
☎ 0731/490-0, ☒ 0731/490-219
Geräte zur Regenwassernutzung und Gartenbewässerung

GEP Umwelttechnik,
Bogestr. 98, 53783 Eitorf
☎ 02243/9206-0, ☒ 02243/920666
Regenwasseranlagen

Gerex Neugebauer GmbH,
Postfach 1848, 74008 Heilbronn
Geräte zur Regenwassernutzung und Gartenbewässerung

Grünbeck GmbH,
Industriestr. 1, 89420 Höchstädt
☎ 09074-410, ☏ 09074-41100
Regenwasseranlagen

Grundfos GmbH,
Industriestraße 15-19, 23812 Wahlstedt
☎ 04554/78-0, ☏ 04554/78-117
Pumpen und Zubehör

Hamena Software-Entwicklung
Siegener Str. 14
65936 Frankfurt /Main
☎ 069/93402012, ☏ 069-93402014
Software Pro-Rain

Ing. G. Beckmann KG,
Simoniusstr. 10, 88239 Wangen/Allgäu
☎ 07522/6065, ☏ 07522/22115
Geräte zur Regenwassernutzung und Gartenbewässerung

Intewa GmbH,
Jülicher Str. 336, 52070 Aachen
☎ 0241/96605-0, ☏ 0241/96605-10
Regenwasseranlagen, Software

Kautex,
Kautexstraße 52, 53229 Bonn
☎ 0228/488-0, ☏ 0228/488516
Regenwasseranlagen

Kessel GmbH,
Bahnhofstr. 31, 85101 Lenting
☎ 08456/27-0, ☏ 08456/27200
Regenwasseranlagen, Rückstau-verschlüsse, Hebeanlagen

Komm-Bau GmbH,
Wilhelmstr. 7, 34260 Kaufungen
☎ 05605/800721, ☏ 05605/800740
Regenwasseranlagen

KSB AG,
Bahnhofplatz 1, 91257 Pegnitz
☎ 09241/71-0, ☏ 09241/711791
Pumpen und Zubehör

Mallbeton,
Hüfinger Str. 39-45, 78166 DS-Pfohren
☎ 0771/80050, ☏ 0771/8005-100
Betonspeicher, Regenwasseranlagen

Mannesmann Pressfitting GmbH, Abteilung VA,
Industriestr. 8-14, 40764 Langenfeld
☎ 02173/285230, ☏ 02173/285239
Edelstahl-Trinkwasserleitungen

Marley Werke GmbH,
Postfach 1140, 31513 Wunstorf
☎ 05031/53-0, ☏ 05031/53333
Trink- und Abwassserleitungen

MBB Kettner,
Gießener Str. 96, 35415 Pohlheim
☎ 06403/61302, ☏ 6403/67109
Regenwasseranlagen, Montage

MMO Betriebswasserberatung Deltau
In der Harth 11,
35708 Haiger-Weidelbach
☎ 02774/92067, ☏ 02774/92068
Beratung

Nau Behältertechnik,
Brückenstraße 1, 72132 Dettenhausen
☎ 07157/562-0, ☏ 07157/61000
Regenwasseranlagen

Nordsee Pumpenfabrik,
Postfach 1127,
21262 Jesteburg bei Hamburg
☎ 04183/2076, ☏ 04183/4572
Pumpen und Zubehör

Ökokeram Umwelttechnik
Barbaraweg 5, A-8700 Leoben/Österreich
☎ +43-3842/24153, ☏ +43-3842/241536
Regenwasseranlagen, UV-Desinfektion

Otto Graf GmbH,
Carl- Zeiss-Str. 6, 79331 Tenningen
☎ 07641/589-0, ✆ 07641/58950
Regenwasseranlagen

Paradigma Ritter, Energie & Umwelttechnik GmbH & Co KG,
Ettlinger Str. 30, 76307 Karlsbad
☎ 07202/922-0, ✆ 07202/922-100
Regenwasseranlagen

Peter Spieleder GmbH,
Industriestr. 16, 66862 Kindsbach
☎ 06371/18822, ✆ 06371/14934
Regenwasseranlagen

Rewatec GmbH,
Elbdeich 236, 21217 Seevetal
☎ 040/768-5072, ✆ 040/768-2527
Regenwasseranlagen

Rhebau,
Düsseldorfer Str. 118, 41541 Dormagen
☎ 02133/7703-0, ✆ 02133/770377
Regenwasseranlagen

RIB Röser Ingenieurbeton,
Daimlerstr. 12, 74912 Kirchardt
☎ 07266/751, ✆ 07266/2882
Betonzisternen, Regenwasseranlagen

Roth Werke,
Postfach 2166, 35230 Buchenau
☎ 06466/922-0, ✆ 06466/922-100
Kunststoffspeicher, Regenwasseranlagen

Saar-Lor-Lux Umweltzentrum,
Loebstraße 18, 54292 Trier
☎ 0651/207-250, ✆ 0651/207-560
Beratung (Handwerkskammer Trier)

Sanitärsystemtechnik,
Helmholtzstr. 13, 10587 Berlin
☎ 030/39902780, ✆ 030/3936022
Software

Schütz Werke,
Bahnhofstr. 25, 56242 Selters
☎ 02626/77-0, ✆ 02626/77-330
Kunststoffspeicher, Regenwasseranlagen

Solarwerkstatt Bremen GmbH,
Scharnhorststr. 131, 28211 Bremen
☎ 0421/230022, ✆ 0421/235055
Regenwasseranlagen

Solvis Energiesysteme GmbH & Co KG
Marienberger Str. 1, 38122 Braunschweig
☎ 0531/28904-0, ✆ 0531/28904-11
Regenwasseranlagen

SolWaTec,
Licher Str. 19,
35447 Reiskirchen-Hattenrod
☎ 06408-962062, ✆ 06408/962064
Regenwasseranlagen

Speck Pumpen, Otto Speck KG,
Röthenbacher Straße 30, 91205 Lauf
☎ 09123/949-0, ✆ 09123/949260
Pumpen und Zubehör

Speidel, Tank- und Behälterbau GmbH,
Tübinger Str. 14, 72131 Ofterdingen
☎ 07473/9462-0, ✆ 07473/9462-99
Geräte zur Regenwassernutzung und Gartenbewässerung

Stefan Nau GmbH & Co,
Brückenstraße 1, 72132 Dettenhausen
☎ 07157/562-0, ✆ 07157/61000
Regenwasseranlagen

Th. Zink GmbH,
Hagener Str. 15, 29303 Bergen
☎ 05051/9889-0, ✆ 05051/988999
Regenwasseranlagen

Viega, Postf. 430/440, 57428 Attendorn
☎ 02722/61-0, ✆ 02722/61415
Kunststoff- u. Edelstahl-Trinkwasserleitungen

Wagner & Co, Solartechnik und
Regenwassernutzung,
Ringstr. 14, 35091 Cölbe

☎ 06421/80070, 🖷 06421/800722

Regenwasseranlagen

Walter Krämer GmbH,
Donauwörther Str. 47, 86641 Rain/Lech

☎ 09002/7009-0, 🖷 09002/7009-19

Behältertechnik, Regenwasseranlagen

Werit Kunststoffwerke,
Kölner Straße, 57610 Altenkirchen

☎ 02681/807-01, 🖷 02681/7165

Kunststoffspeicher, Regenwasseranlagen

Westfa GmbH
Feldmühlenstr. 19, 58099 Hagen

☎ 02331/966300, 🖷 02331/9666-0

Regenwasseranlagen

Wiko, Systeme zur Energie und Wasser-
einsparung,
Kanzler-Feige-Straße 21-23,
37235 Hessisch Lichtenau

☎ 05602/915260, 🖷 05602/915261

Regenwasseranlagen

Wilo GmbH,
Nortkirchenstr. 100, 44263 Dortmund

☎ 0231/41020, 🖷 0231/4102363

Regenwasseranlagen, Pumpen

Wisy,
Oberdorfstr. 26, 63699 Kefenrod

☎ 06054/9121-0, 🖷 06054/9121-29

Filter, Regenwasseranlagen

Zapf GmbH & Co,
Nürnberger Str. 38, 95440 Bayreuth

☎ 0921/601-0, 🖷 0921/601-415

Garagenspeicher, Regenwasseranlagen

Weiterführende Literatur

Geiger, W.; Dreiseitl, H.: Neue Wege für
das Regenwasser: Handbuch zum Rück-
halt und zur Versickerung von Regenwasser in Baugebieten. Emscher-
genossenschaft, Essen und Internationale
Bauausstellung Emscher Park (Hrsg.),
Oldenbourg Verlag,
München/ Wien 1995

König, Klaus W.: Regenwasser in der
Architektur – Ökologische Konzepte.
ökobuch Verlag, Staufen 1996

Wilhelm A.; u.a.: Regenwasser nutzen –
Technik, Planung und Montage.
Wagner & Co Solartechnik, Cölbe 1997

Stichwortverzeichnis

Weitere Bücher im ökobuch Verlag

Gottfried Haefele, Wolfgang Oed, Ludwig Sabel
Hauserneuerung
Instandsetzen - Renovieren - Modernisieren: eine Anleitung zur Selbsthilfe. Das Buch beschreibt ausführlich den behutsamen, handwerklich sachgerechten und umweltverträglichen Umgang mit alter Bausubstanz. 237 S., 200 Abb., 21 x 21 cm , 8. Aufl. 2003   25,50 €

Heinz Ladener, Ingo Gabriel, Hrsg.
Vom Altbau zum Niedrigenergiehaus
Energietechnische Gebäudesanierung in der Praxis: Nachträglichen Wärmedämmung der Gebäudehülle, Fenstererneuerung, sowie Sanierung der Haustechnik einschließlich Lüftung Heizung, Sanitär und Elektro. 294 S. m.v.Abb., 21 x 21 cm, geb., 4. Aufl. 2004   29,90 €

Gernot Minke
Dächer begrünen – einfach und wirkungsvoll
Ratgeber für die Begrünung von Wohn- und Bürogebäuden, Garagen und Carports. Mit Konstruktionsdetails, Dachaufbauten, Begrünungssystemen, Kosten u. Selbstbauhinweisen. 94 S. m. v. Abb., 17 x 24 cm, 2. Aufl. 2003   12,70 €

Gernot Minke
Das neue Lehmbau-Handbuch
Umfassendes Lehrbuch und Nachschlagewerk: Es zeigt Einsatzmöglichkeiten, Eigenschaften und Verarbeitungstechniken des Baustoffes Lehm. Mit Forschungsergebnissen u. Beschreibungen ausgeführter Lehmhäuser. 349 S. m.v. Abb., 21x21 cm, geb, 6. Aufl. 2004   35,30 €

Herbert und Astrid Gruber
Bauen mit Stroh
Bauen mit großformatigen Quadern aus gepreßtem Stroh: gebaute Beispiele, erprobte Bauformen und Konstruktionen, Besonderheiten, neue Projekte und Forschungen. 2. erweiterte Aufl. 2003, 112 S. m. v.Abb.,   14,90 €

Gernot Minke, Friedemann Mahlke
Der Strohballenbau
Ein Konstruktionshandbuch, das Konzeption, bautechnische Besonderheiten und alle Details beschreibt, um aus Strohballen gut gedämmte, dauerhafte Häuser zu bauen. Mit vielen Beispielen. 1. Aufl. 2004, 142 S. m.v. farb. Abb.,   15,90 €

Heidie Howcroft
Gestalten mit Holz im Garten
Bodenbeläge, Holzdecks, Zäune, Rankgerüste, Lauben. Bauanleitungen für Nützliches und Dekoratives aus Schnittholz u. grünem Holz, die zeigen, wie vielfältig sich Holzwerk in den Garten einbinden lässt. 135 S. m.v. Abb., 21 x 21cm geb. 1. Aufl. 2004   19,90 €

Edgar Haupt, Anne Wiktorin
Wintergärten - Anspruch und Wirklichkeit
Ausführliche, praxisnahe Anleitung für Planung und Bau von Wintergärten: Raumklima, Konstruktionen, Materialien, Verglasungs- u. Klimatisierungssysteme, Bauschäden, Hinweise f.d. Bepflanzung. Neuaufl. 2001, 176 S   22,50 €

Heinz Ladener, Frank Späte
Solaranlagen
Grundlagen, Planung, Bau und Selbstbau von Solaranlagen zur Warmwasserbereitung und Raumheizung: Das Handbuch für Planer, Handwerker und Selbstbau-Interessierte. 265 S. m. vielen Abb., 21 x 21 cm, gebunden, 2003
29,60 €

Andreas Henze, Werner Hillebrand
Strom von der Sonne
Photovoltaik in der Praxis: Techniken, Anwendungsmöglichkeiten, Marktübersicht und Anleitung zum Selbstbau kleiner autonomer Stromversorgungsanlagen für Hütten und Fahrzeuge. 133 S. m.v.Abb., 17 x 24 cm, 2. Aufl. 2002
12,95 €

Lynn Edwards, Julia Lawless
Naturfarben-Handbuch
Natürliche Farben und Anstriche für Wände, Holzböden und Möbel selbst herstellen und anwenden: Rezepturen, Maltechniken und kreative Raumgestaltung. Durchgehend farbig! 1. Aufl. 2003, 190 S. 19x28,6 cm
29,90 €

Susie Vaugham
Einfach Korbflechten
mit Ruten und Zweigen aus dem Garten und vom Wegesrand. Hier wird gezeigt, wie mit einfachen Techniken das Flechten formschöner, farbiger Körbe leicht zu erlernen ist. 80 Seiten, farbig, 21 x 21 cm, gebunden 1. Aufl. 2005
14,90 €

Maggy Howarth
Kieselstein-Mosaik
Schöne Böden für Wege und Lieblingsplätze im Garten selbst gestalten. Exakte Anleitungen für einfache und fortgeschrittene Arbeiten mit Tips aus der Praxis. Viele Gestaltungsvorschläge geben Anregung für eigenes kreatives Schaffen. 118 S. m.vielen z.T. farb. Abb., 2. Aufl. 2004
20,40 €

Jon Warnes
Mit Weiden bauen
Anleitungen für Zäune. Laubengänge, Wigwams, Sitzplätze und grüne Kuppeln. Ein Kurs über das Pflanzen und Arbeiten mit lebendem Material, der zeigt, wie viele schöne, nützliche Dinge sich aus Weiden herstellen lassen. 3. Aufl. 2004, 60 S. m.v.farb. Abb., geb.
12,95 €

Daniel Mack
Möbel aus Wildholz
Wieviel Äste braucht ein Stuhl? Der Autor stellt moderne Wildholzmöbel vor und beschreibt genau, worauf es bei der Auswahl des Holzes ankommt, wie Wildholz bearbeitet u. zu Möbeln zusammengefügt wird. 168 S.m.vielen z.T. farb. Abb., gebunden 1999
25,50 €

Claudia Lorenz-Ladener, Hrsg.
Holzbacköfen im Garten
Detaillierte Bauanleitungen vom einfachen Lehmofen bis zum gemauerten Brotbackhäuschen. Mit vielen Erfahrungen und Ratschlägen sowie pfiffigen Tips und Rezepten. 138 S. m.v.Abb., 5. Aufl. 2003
15,30 €

Claudia Lorenz-Ladener
Naturkeller
Grundlagen und praktische Anlagen für Planung und Bau von naturgekühlten Lagerräumen im
Haus oder Freiland. 140 S. m.v.Abb., 20 x 21 cm, 7. Aufl. 2003   15,30 €

Karl-Heinz Böse
Regenwasser für Garten und Haus
Ein kompetenter Ratgeber für Planung und Bau von Regenwassersammelanlagen nach dem
Stand der Technik: Bemessung, Genehmigung, Speichertanks, Pumpen, Rohrleitungen und
Zubehör. 109 S. m. v. Abb., A5, 4. Aufl. 2005   10,20 €

Hans-P. Ebert
Heizen mit Holz
Ein umfassender Ratgeber über Holzeinkauf, Zurichten des Waldholzes, Lagerung und Trock-
nung, Anforderungen an Feuerstelle und Schornstein, verschiedene Ofentypen u. ihre Einsatz-
bereiche. 132 S. m.v.Abb., 9. überarb. Aufl. 2004   10,80 €

Martin Werdich, Kuno Kübler
Stirling-Maschinen
Grundlagen u. Technik von Stirling-Maschinen, Überblick über erprobte Motorkonzepte und
ihre Vor- und Nachteile. Ausführliches Hersteller- u. Literaturverzeichnis. 128 S. m.v.Abb., A
5, 9. Aufl. 2003   15,30 €

Dieter Viebach
Der Stirlingmotor
Einfach erklärt und leicht gebaut. Detaillierte Bauanleitung für einen funktionstüchtigen Modell-
motor, hergestellt aus einer gewöhnlichen Konservendose und einfach nachzubauenden Holz-
teilen. 106 S. m.v.Abb., 17 x 24 cm, 5.Aufl. 2004   15,30 €

Horst Crome
Handbuch Windenergie-Technik
Einführung in die Prinzipien der Windenergienutzung und Schritt-für-Schritt-Anleitung für den
Bau verschiedener solider, leistungsfähiger Windkraftanlagen zur Stromerzeugung (200 W - 5
kW, 2 bis 7 m Rotor ø). 2000, 208 S. m.vielen z.T. farb. Abb., gebunden   29,60 €

Uwe Hallenga
Wind: Strom für Haus und Hof
Bauanleitung mit Zeichnungssatz für eine leicht nachzubauende Windkraftanlage (Leistung ca.
200 - 500 W bei gutem Wind). 76 S. m.v. Abb., A5, 9. Aufl. 2004   8,90 €

Preisstand: 1.4. 2005   Unsere Bücher erhalten Sie in allen Buchhandlungen!

In unserer *Versandbuchhandlung* haben wir über 400 Titel auf Lager, die Sie direkt bei uns
bestellen können, und zwar zu folgenden Themen: Solararchitektur - Bauen & Selbstbau - Nutzung von Sonnen-, Wind- und Wasserkraft - Bioenergie - Energiekonzepte - Land- und Garten-
bau - Tierhaltung - gesunde Küche
- und vieles mehr ....

Fordern Sie einfach die große Buchliste an:

öko buch — Verlag & Versand GmbH
Postfach 1126 79216 Staufen

☎ 07633-50613 · 50870 · email: oekobuch@t-online.de · http://www. oekobuch.de